EST-IL FAIT POUR MOI ?

LES PERSONNALITÉS ASTROLOGIQUES

Catalogage avant publication de Bibliothèque et Archives Canada

Beaumont, Alexandra

    Est-il fait pour moi?

    (Collection Astrologie)

    ISBN 2-7640-0948-8

    1. Astrologie et mariage. 2. Choix du conjoint – Miscellanées. 3. Séduction – Miscellanées. I. Titre. II. Collection.

BF1729.L6B42 2005   133.5'864677   C2005-940567-8

LES ÉDITIONS QUEBECOR
Une division de Éditions Quebecor Média inc.
7, chemin Bates
Outremont (Québec)
H2V 4V7
Tél.: (514) 270-1746
www.quebecoreditions.com

©2005, Les Éditions Quebecor
Bibliothèque et Archives Canada

Éditeur: Jacques Simard
Conception de la couverture: Bernard Langlois
Illustration de la couverture: Jing Jing/PhotoDisc/GettyImages
Correction d'épreuves: Claire Morasse
Conception graphique: Jocelyn Malette
Infographie: Claude Bergeron

Nous reconnaissons l'aide financière du gouvernement du Canada par l'entremise du Programme d'Aide au Développement de l'Industrie de l'Édition pour nos activités d'édition.

Gouvernement du Québec — Programme de crédit d'impôt pour l'édition de livres — Gestion SODEC.

ALEXANDRA BEAUMONT

EST-IL FAIT POUR MOI ?

LES PERSONNALITÉS ASTROLOGIQUES

LES ÉDITIONS
Quebecor
QUEBECOR MEDIA

Avant-propos

Vous êtes à la recherche de l'homme de votre vie ou vous l'avez trouvé depuis longtemps, ou encore vous venez de rencontrer un type qui vous semble exceptionnel, charmant, tendre… et qui a tout pour vous plaire, mais vous aimeriez bien en savoir un peu plus long sur lui pour, disons, pimenter votre vie amoureuse.

Ce livre est pour vous.

Pour l'écrire et vous renseigner sur votre homme, je me suis inspirée de ceux que j'ai connus, mais plus encore de ceux que j'ai observés, des amoureux de mes amies et des hommes que je côtoie amicalement ou professionnellement… Mais je me suis aussi inspirée des astres. Pourquoi les astres ? Parce qu'ils peuvent nous renseigner mieux qu'on ne le croit sur ce que nous sommes, sur nos instincts, sur nos comportements naturels.

Avant que vous plongiez dans la lecture de ce livre, je voudrais vous mettre en garde contre deux écueils. Le premier est le suivant. Je ne crois pas que l'on puisse changer pour plaire à celui qu'on aime et souder une relation. Je crois que nous sommes la personne que nous sommes et que nous pouvons peut-être mieux comprendre le fonctionnement de celui que nous aimons. Mais nous ne pouvons pas forcer la note et nous dire, par exemple, «Je deviendrai ultra coquette, puisqu'il aime les femmes coquettes», si on ne l'est pas déjà naturellement. Supposons que vous aimez la routine et la stabilité; dans ce cas, n'allez pas chercher un homme qui adore voyager et qui se fout éperdument de savoir comment il paiera ses comptes à la fin du mois! Autrement dit: ne nous changeons pas pour aimer. Restons qui nous sommes, tout en adoucissant certains traits qui peuvent nuire à la durabilité de notre grand amour.

Deuxième écueil possible: croire à tout prix qu'un Lion sera exactement tel que je le décris et pas autrement; rien de plus, rien de moins. L'astrologie est une matière très intéressante, mais elle est complexe. Quand on divise l'humanité en douze parties, on laisse forcément tomber quelques raffinements et subtilités. Donc, ce Lion, ce Poissons ou ce Verseau que vous aimez présente certainement des traits de caractère généraux, que vous pourrez lire ici, mais il est un être trop complet et trop complexe pour qu'une telle description soit suffisante.

Cela dit, un Lion reste un Lion, et il sera toujours fier. Un Sagittaire aura pratiquement toujours soit sa valise prête, soit un projet de voyage en tête. Une Balance et un Gémeaux ne pourront pas dire non à une conversation enrichissante.

Bonne lecture! Amusez-vous et tirez-en quelques enseignements!

L'homme Bélier

Né entre le 21 mars et le 20 avril

Un cœur franc, passionné, enthousiaste

Celui qui est né sous le signe du Bélier est impulsif, créateur et enthousiaste. Il va généralement droit au but dans ses entreprises. Il réalise ses rêves. Vous venez de rencontrer un Bélier? Sachez que c'est un être courageux et audacieux, un super homme à certaines heures de la journée. Si vous n'aimez pas que les jours se suivent et se ressemblent, la présence d'un Bélier à vos côtés vous ravira. Si, par contre, vous aimez le calme, la sécurité, le bonheur tranquille et pépère, vous feriez mieux de passer votre chemin et d'oublier cet homme.

Il peut arriver que vous rencontriez un Bélier du type tranquille. Ce ne sont là que des apparences. Il parle peu, semble peu exubérant; tout se passe à l'intérieur. Vous croirez peut-être même qu'il est timide, mais ne vous y trompez pas: un Bélier timide, ça n'existe pas. Informez-vous sur son passé, sur ses activités, sur ses anciennes amours: vous découvrirez qu'il s'intéresse passionnément à toutes sortes de sujets et de gens. Sa vie n'est jamais ennuyante... et les gens qu'il fréquente non plus. Autrement dit, s'il vous traverse l'esprit (et le cœur) de vivre auprès d'un natif du Bélier, sachez tout de suite que vous pourrez (et même devrez) conserver votre indépendance et votre autonomie, tout en étant capable d'une présence rassurante et chaleureuse.

L'homme Bélier a besoin de s'accomplir sur tous les plans. Il a tellement d'idées qu'il peut parfois être difficile à suivre! Celle qui l'aime doit apprécier la nouveauté et être prête à s'adapter au changement. C'est le plus passionné de tous les signes du zodiaque, et seule une femme Scorpion peut l'être davantage que lui. À la fois romantique et optimiste, il est confiant de rencontrer un jour sa perle rare et, même s'il se trompe à quelques reprises, il persévérera jusqu'à ce que son rêve se réalise. Il est peu enclin à ressasser le passé. Il pourra souffrir en silence, mais il regardera toujours vers l'avenir.

Sur le plan physique, il a généralement l'air un peu plus jeune que son âge; sa vitalité le garde en forme, sans compter qu'il reste jeune dans sa tête. Il a un tempérament sportif, et rares sont les natifs du Bélier qui ne pratiquent aucun sport ou ne font pas d'exercice.

Après une dispute, même s'il aime généralement avoir le dernier mot, il s'excusera facilement. En fait, il est fonceur, il aime combattre, mais il aime aussi l'harmonie et… les réconciliations. Ce qu'il déteste par-dessus tout, c'est de se sentir loin de sa compagne. Il a une droiture naturelle : pour lui, une vie de couple, c'est une vie à deux.

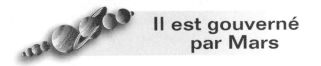

Il est gouverné par Mars

Le Bélier est gouverné par la planète Mars, et c'est ce qui lui donne autant d'énergie. Mais c'est également ce qui le rend parfois imprévisible, voire colérique. Le connaître, c'est savoir qu'il peut passer d'une ardeur extrême à une froideur tout aussi extrême. Le côtoyer, c'est accepter de s'accommoder de sa nature changeante. Bref, natures sensibles s'abstenir ! Le Bélier est facile à vivre pour celle qui ne s'en fait pas au moindre changement d'humeur ou d'attitude. Mars lui donne de l'audace, ce qui fait qu'il n'a pas peur de grand-chose. Il a aussi un sens de l'honneur très fort, et sa partenaire doit toujours être à ses côtés. Il ne supporte pas la trahison. Il peut être imprévoyant et agir avec excès.

Ses idées, ses valeurs

Ce natif est un idéaliste. Il a des idées et les défend avec vigueur. Il a de la difficulté à reconnaître qu'il s'est trompé, il vaut mieux changer de sujet de conversation que d'essayer de le convaincre qu'il a tort. De toute façon, chercher à le coincer ou s'opposer à lui peut éveiller chez lui des complexes d'infériorité bien enfouis qu'il vaut mieux laisser sommeiller. Sa confiance en lui peut parfois vaciller. Ce qu'on peut faire de mieux avec un Bélier, c'est de toujours s'allier à lui contre ses ennemis. C'est une règle de base de la vie de couple, et elle est encore plus vraie lorsqu'il s'agit de l'homme Bélier. Sa pensée est créative : il innove sans cesse. Il se bat pour ce en quoi il croit.

Ses valeurs sont celles de l'engagement ; il ne se cache jamais, croit en sa bonne étoile et en la vôtre et, s'il vous aime, vous serez sa reine, à condition, bien sûr, que vous vous souveniez toujours qu'il est votre roi.

Quelques types

Premier décan

Né avant le 1er avril, le Bélier a un fort côté intuitif. Il est à la fois plus souple et plus fuyant qu'un Bélier typique. Il est également sensible à tout ce qui l'entoure. Il évolue bien dans un monde harmonieux, où il perd un peu son côté guerrier.

Deuxième décan

Né entre le 1er et le 10 avril, votre Bélier est du type fonceur. Il n'a pas une personnalité hésitante, il agit et réfléchira... plus tard. Il est imprévisible, mais pas calculateur et il n'a pas l'esprit retors. Il vous dira les choses comme elles sont.

Troisième décan

Né entre le 11 et le 20 avril, le Bélier se stabilise et se tranquillise. Il a un petit quelque chose du propriétaire terrien typique. Son approche est souvent réaliste. S'il sait qu'il peut gagner, il foncera ; sinon, il attendra un meilleur moment. Il a souvent du talent pour les affaires financières.

Et les autres

Vous rencontrerez peut-être aussi un Bélier d'un genre particulier. Il en existe quelques-uns. D'abord, il y a celui qui est contre tout et se bat même contre des moulins à vent; il semble agressif à toute heure du jour et de la nuit. N'essayez pas de le calmer, ce serait peine perdue. Certains natifs du Bélier sont aussi d'un égoïsme extrême et semblent complètement dénués de toute forme de générosité. On dirait qu'ils en sont encore au stade du petit bébé à qui tout est dû.

On a les qualités de ses défauts!

Le Bélier est avant tout généreux (de son temps comme de son argent). Il a de la compassion pour ses semblables et donne son temps à ceux qu'il aime. Actif, il aime se réaliser et agit sans hésiter. Il n'a rien d'un lâche et dit ce qu'il pense. Il ne rumine pas le passé. Il a beaucoup d'idées, toutes plus intéressantes les unes que les autres. Il reste jeune longtemps et a confiance en l'avenir. Il est romantique et poursuit ses rêves jusqu'à ce qu'ils se réalisent. Il est idéaliste. Il n'est pas timide. Il a un grand cœur. On voit ses vraies couleurs sur-le-champ. Quand il est amoureux, il est fidèle et honnête. Il a un caractère rebelle mais s'excuse facilement. Il ne maîtrise pas toujours bien ses finances personnelles, mais avec le temps, il améliorera cet aspect de sa vie.

Il a un côté intolérant et exigeant: si on ne répond pas à ses attentes (dans la minute!), il peut devenir franchement tendu et désagréable. Sa générosité est parfois tempérée par un penchant intolérant. Il ne supporte pas la routine, l'ordinaire. Il peut facilement s'ennuyer avec les gens que

vous aimez. Il ne veut pas vous voir grippée ou mal fago-
tée. Il peut lui arriver d'être autoritaire.

Premier regard, premières rencontres

Si vous lui plaisez, il aura confiance en vous au premier
coup d'œil, tout comme il a confiance en la vie. Il va de
l'avant, il ne recule pas devant les défis. Dès qu'il se sent
attiré par quelqu'un, il ne perd pas de temps. Quand l'amour
naît, il sait agir et fait ce qu'il faut pour faire bonne impression. Il n'hésite pas à faire des avances; c'est un chef. Si,
de votre côté, dans un premier temps, vous êtes capable
de ne pas courir après lui sans pour autant le fuir – autrement dit, si vous êtes capable d'indépendance et d'affection tout à la fois –, vous aurez déjà un point d'avance. Vous
retiendrez son intérêt.

Une fois les déclarations faites, les sentiments connus
et partagés, plus vous serez naturellement enthousiaste,
plus il sera à l'aise et heureux. En fait, celle qui est capable
d'un savant dosage de chaleur, de présence rassurante et
de détachement gagnera le cœur du Bélier.

Aimez-vous ce qu'il aime? Posez-vous la question. Passionné, il s'intéresse à fond à certaines activités beaucoup
plus qu'à d'autres. Si sa partenaire partage ses intérêts et
ses passions, le bonheur pourra s'installer à demeure. Il
prendra un grand plaisir à faire des activités avec sa compagne. Si vous avez déjà eu l'occasion de côtoyer un Bélier,
dans le cadre de n'importe quel type de relation (en famille, en amitié ou au travail), vous savez certainement déjà
à quel point le Bélier aime qu'on partage ses passions.

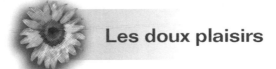

Les doux plaisirs

Votre Bélier aime le sexe, mais vous vous demanderez parfois pourquoi il fait cela si vite... Il a de l'énergie, un côté joueur et peut le faire souvent... mais rapidement! Est-il vraiment sensuel? Peut-être, mais l'amour physique le rassure surtout sur sa virilité, sur sa condition d'homme fort. Il a un côté coquin. Avec lui, l'avantage est que l'attirance physique peut durer assez longtemps; il ne se lasse pas rapidement de sa partenaire et sera encore ravi de faire l'amour après plusieurs années de vie commune. Soyez tout de même attentive; si cet aspect de la vie est mis en veilleuse, vous pourrez compter les jours qui vous restent. À moins d'être vraiment vieux ou dépressif, il partira s'il n'y a plus rien sur ce plan.

La planète qui le gouverne est Mars, planète physique par excellence. Sa manière de faire l'amour aura d'ailleurs toujours un petit côté guerrier. Voilà une douce guerre, qui peut faire durer le bonheur.

Et l'engagement?

Le Bélier est à la fois vif et imprévisible. Vous vous êtes rencontrés il y a à peine un mois ou deux et c'est déjà comme si vous étiez ensemble depuis toujours. Il voudra rapidement aller plus loin s'il est sûr que vous êtes la bonne compagne pour lui. Il n'est pas du genre hésitant. En fait, s'il hésite ou s'il semble hésiter, c'est peut-être parce qu'il reste auprès de vous en attendant de faire une autre rencontre. Posez-vous la question. Et si vous vous le demandez, demandez-le-lui aussi; essayez de savoir de quoi il retourne. Un Bélier est par essence franc, il ne voudra ni ne pourra vous mentir.

Cela dit, il peut arriver qu'un Bélier soit affligé, qu'il traverse une période très difficile, qui lui enlèvera toute idée de s'engager. Vous pouvez peut-être patienter un peu, mais pas trop longtemps; s'il ne bouge pas, c'est qu'il n'est pas sûr que cette association soit la bonne. Et il change rarement d'avis.

Ensemble tous les jours

Bien sûr, le Bélier n'est pas parfait, mais il a suffisamment de charme et de tours dans son sac pour vous donner le goût de rester à ses côtés. L'un d'eux (et ce n'est pas un tour, mais plutôt une manière d'être) est qu'il vous mettra sur un piédestal. Il vous admirera et vous gâtera, et vous verrez qu'il est très doux et très bon de vivre cela. Il est également fiable; s'il s'engage à faire quelque chose, il le fera. Mais, surtout, il ne faut pas lui donner d'ordres, car il déteste être dirigé.

À la maison, oui, il va participer, et oui, il sera présent, oui, il participera à la décoration de la maison, car il aime bien cela. Pour ce qui est de l'argent, il contrôle généralement bien ses finances, mais dans les moments où ça va moins bien, il n'aime pas qu'on le questionne. S'il vous confie la gérance des biens du couple, prenez-la, à moins d'être totalement nulle en la matière.

N'oubliez pas d'entretenir votre relation de manière à ce qu'elle ne s'enlise pas dans une routine ennuyante ; il compte sur vous pour cela.

Êtes-vous « compatibles » ?

Lui et vous, femme Bélier

Vous vous direz : eh oui, on est des potes, on s'entend bien, c'est merveilleux... et vous oublierez que vous êtes avant tout une femme. Cultivez votre féminité, voyez vos différences. Ne vous dites surtout pas : «Nous sommes pareils. » Autre chose, ne cherchez pas à vous montrer plus forte que lui. Toutes les femmes (ou presque) ont parfois l'impression d'être plus fortes que leur homme... Or, il n'aimerait pas, selon moi, que vous le lui prouviez, à moins, bien sûr, que vous ayez à traverser une épreuve ensemble.

Lui et vous, femme Taureau

L'homme Bélier n'est pas instable, mais vous êtes du type très stable. Le danger ? Vous aurez tout de suite envie de sécurité ; vous attendrez impatiemment qu'il apporte un pyjama chez vous et vous risquez alors de le presser ! N'ayez pas cette attitude, car vous pourriez ainsi faire fuir un homme qui saura vous aimer. Il aime par-dessus tout la féminité... Voilà ce que vous pourrez vous amuser à cultiver, puisque c'est un aspect de votre personnalité qu'il aimera certainement.

Lui et vous, femme Gémeaux

Vous êtes drôle, sympathique et spirituelle, et c'est ce qu'il aime de vous. Surtout, continuez à être vous-même, même si vous êtes complètement obnubilée par lui. Restez honnête; sachez qu'il apprécie grandement l'intégrité. Il n'est pas un cérébral comme vous... il ne joue pas avec les mots. Il faut que ceux-ci soient vrais. Ce qu'il aimera de vous? Votre esprit, votre vivacité, votre entrain, votre côté bon enfant. La seule chose qui pourrait le faire fuir: l'impression que vous n'êtes pas tout à fait présente. Donc, si vous l'aimez, soyez-le.

Lui et vous, femme Cancer

Si vous avez ce côté un peu plaignard qu'ont parfois les natives du Cancer, si vous êtes souvent insatisfaite, essayez d'apprendre à ne pas gruger son énergie en lui parlant sans cesse de ce qui ne va pas! Le Bélier est un homme bien, mais il n'a rien d'une infirmière; et si on lui demande de jouer ce rôle, il se lassera vite. Cela dit, votre féminité l'attire, c'est certain. Coup de foudre assuré... et peut-être même durable. Vous serez alors, pour lui, *la* femme, celle qui le trouble d'un simple regard. Votre manière de bouger aussi, un peu langoureuse, lui plaira toujours. Votre charme l'électrise et le calme tout à la fois. Ce n'est pas rien!

Lui et vous, femme Lion

Deux signes de feu se plaisent souvent. Ils s'impressionnent l'un l'autre. On aime souvent la personne que l'on est et on aime souvent ceux qui nous ressemblent. Jusque-là, tout va bien! Ce qui pourrait nuire: votre côté autoritaire, votre tendance à mener les autres, votre certitude d'avoir trouvé toutes les solutions. Vous êtes certainement une organisatrice hors pair (il est rare qu'une nature du Lion ne le soit pas), mais ne cherchez pas à le diriger. Ne lui donnez pas l'impression d'en savoir plus que lui. C'est un homme et c'est un Bélier, et il ne supporte donc pas d'être placé en situation d'infériorité. Gardez cela en tête. Ce qu'il aime de vous, ce qui le fera flancher pour de bon: la certitude d'avoir enfin rencontré une femme solide et loyale. Plus il sentira qu'il n'y a pas de jeux de pouvoir entre vous, plus il vous aimera. Montrez-lui la personne que vous êtes vraiment (en mettant la pédale douce sur votre côté chef), et vous aurez avec lui une bonne entente.

Lui et vous, femme Vierge

Vous êtes polie, discrète, réservée... Bravo, mais c'est tout de même un peu dangereux avec un homme Bélier! Une fois les déclarations faites, tout se simplifiera, mais avant il ne saura pas trop si votre réserve ne cache pas en réalité un manque d'intérêt... et restera sur ses gardes. Faut-il faire les premiers pas? Pas sûr. Mais tout de même, osez lui montrer qu'il vous plaît beaucoup, beaucoup... Il en sera ravi. Même si beaucoup de choses chez vous l'attirent, il flanchera pour ce côté bon enfant que vous avez toujours.

Lui et vous, femme Balance

Êtes-vous douce, tendre et gentille comme une pure native de la Balance? À tout le moins, une part de vous l'est peut-être. Le danger, avec un Bélier, serait d'être tout de suite trop gentille, d'acquiescer à ses demandes et de ne pas lui résister. Il faut le faire souffrir un peu, un tout petit peu. Gentiment, bien sûr. S'il vous sent trop soumise, il sentira une insatisfaction. Il est de feu et il doit donc courir, chasser, vaincre. Le bon côté à cela? Il adore être séduit et vous êtes certainement une artiste en la matière. Allez-y, ne vous privez pas: plus vous serez charmante, plus vous jouerez, plus il s'amusera. Et quand on s'amuse, on est bien et heureux.

Lui et vous, femme Scorpion

Le désir, ce doux désir! Il l'adore mais ne pourrait baser là-dessus une relation amoureuse. C'est le risque de votre couple, celui de s'entendre avant tout physiquement... et peut-être même seulement physiquement! Cultivez les autres aspects de votre relation à moins d'avoir envie de n'être que des amants. Vous vous entendrez bien si vous aimez faire certaines activités ensemble. Voyez si vous avez des goûts communs. Autrement, passez votre chemin. Si vous aimez faire du sport ensemble, si vous aimez tous deux la nature ou les arts... ou quoi que ce soit d'autre, vous ferez assurément un beau couple. Vous vous entendrez nuit et jour.

Lui et vous, femme Sagittaire

Votre dynamisme est généralement élevé. Bravo! Vous êtes naturellement sportive, et il adore ça. Le risque? Vous vous rencontrez, vous vous entendez, vous vous aimez... mais vous, oui vous, vous oubliez de cultiver la passion. Il devient ainsi un ami avant d'être votre amour. Faites simplement attention de toujours vous souvenir qu'il est votre prince, votre flamme! Il en sera profondément heureux. Ce qui joue en votre faveur? Il adore votre côté mystique. Soyez femme avant tout, il restera homme à vos côtés.

Lui et vous, femme Capricorne

Lucide de nature, vous avez tendance à dire la vérité aux gens et encore plus à ceux qui sont dans votre intimité. Quand votre compagnon fait un faux pas, vous le lui dites ; quand il se trouve dans une mauvaise situation, vous le lui rappelez ; quand il fait quelque chose de travers, vous le voyez tout de suite. Voilà qui peut être irritant pour un Bélier, et il pourrait souffrir de votre esprit sérieux. Apprenez à suspendre votre jugement. Détendez-vous, soutenez-le toujours et il se sentira plus fort que tout. Ce qu'il aime de vous ? Votre solidité. Mais celle-ci doit servir à le soutenir et jamais à l'écraser.

Lui et vous, femme Verseau

Avant qu'il réalise que vous l'aimez bien (ou plus encore), cela pourrait être long. Il pourrait bien ne pas savoir si vous l'aimez ou non. Pourquoi ? Parce que vos messages sont assez difficiles à saisir. Votre contact reste léger, car vous n'aimez pas être lourde, mais il faut tout de même qu'il sente que vous êtes là. Autrement dit, si vous l'aimez, montrez-le-lui ; cela le rassurera et il s'ouvrira. Ce qu'il adore ? Votre originalité et votre inventivité. Il sera impressionné par vos nombreux talents. Il sera fier d'être le compagnon de route d'une personne aussi originale que vous.

Lui et vous, femme Poissons

Ne jouez pas. Ne dites pas « Je n'aime que lui » si vous en avez trois, quatre en banque qui n'attendent que votre appel. Soyez intègre. Il aimera mieux vous avoir pour amie si vous n'êtes pas faite pour être l'élue de son cœur… et le savoir, très vite ! S'il vous plaît vraiment, sachez qu'il est capable d'écoute, mais qu'il se lasse rapidement des gens insatisfaits et geignards. Il aime les femmes fortes. Si vous avez de l'énergie, cela ira bien. Si vous avez besoin avant tout de vous sentir soutenue, il n'est peut-être pas celui qu'il vous faut. Le bon côté de votre relation? Il adore le fait que vous êtes romantique. Ne vous taisez plus sur ce que vous pensez et espérez vraiment de l'amour. Plus vous serez sincère, plus il le sera.

Êtes-vous faits l'un pour l'autre?

Non, si:

- vous êtes plus intéressée à votre carrière qu'à la sienne.
- vous êtes casanière, lente et plus contemplative qu'active.
- vous n'êtes pas vraiment attirée par les hommes qui ont besoin d'être portés aux nues.
- vous manquez de la plus élémentaire autonomie.
- vous êtes une femme vraiment forte. Il aime tout de même être le plus fort.
- vous êtes dépressive, pessimiste et d'un caractère trop sensible.
- il vous arrive de mentir ou d'entretenir plus d'une relation sentimentale à la fois.

Oui, si:

- vous êtes naturellement féminine et aimez prendre le temps de vous faire belle.
- vous l'admirez et savez le lui montrer. Est-il votre grand prince?

- vous êtes tout aussi sentimentale et romantique que jolie.

- vous êtes intelligente, active et enthousiaste.

- vous êtes spontanée, aimez les surprises et vous adaptez facilement au changement.

- vous êtes jeune ou voulez rester jeune, êtes sportive et active.

- vous êtes fière de lui, de ses succès, et adorez lui faire des compliments.

L'homme Taureau

Né entre le 21 avril et le 20 mai

Un bâtisseur au caractère stable

On l'imagine *gentleman-farmer*. Il a l'air tranquille, calme et terre à terre, et il inspire confiance. En sa présence, on se sent protégé. C'est un être puissant, tout comme l'animal qu'il symbolise. Il bouge généralement lentement. Il est attentif à ce qui l'entoure.

Il souhaite ardemment vivre en couple et, pour cela, il fait en sorte de répondre aux attentes de celle qu'il aime : si elle aime le romantisme, qu'à cela ne tienne, il sera romantique. Si elle préfère les hommes qui ont le sens pratique, il l'aura. Pour une femme, l'homme Taureau est rassurant.

Si on prend la peine de s'y arrêter, on réalise tout de même que le Taureau est un être surprenant : un animal massif, viril et puissant, gouverné par Vénus, une planète féminine par excellence s'il en est : il allie donc à la fois la force et la douceur, ce qui en fait un grand amoureux.

Il aime la nature. Il peut aimer vivre en ville, mais il aura besoin de la campagne aussi, et vivra dans un coin de la ville où il y a des arbres. Il est sensible aux ambiances. Il est aussi généralement doué pour les affaires. Si vous l'êtes moins, il prendra simplement les choses en main. Bien sûr, je connais un Taureau ou deux qui sont dépensiers et qui confient la gérance des biens à leur tendre moitié. Cela dit, même lorsqu'il confie les comptes à sa femme, il planifie son existence tout en pensant au lendemain. Pour cela, le couple fait des économies.

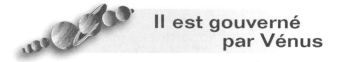

Il est gouverné par Vénus

Pour un homme né sous le signe du Taureau, la réussite de sa vie amoureuse est essentielle. Il recherche l'harmonie, la paix et la sécurité au sein du couple. C'est un être tendre et affectueux, qui peut avoir des éclats de colère ou être jaloux s'il ne se sent pas en sécurité. Reste qu'au fond, il est stable et généreux. Vous venez de rencontrer un Taureau ? Préparez-vous à construire si vous aimez les hommes lents, tenaces et fidèles. Si vous préférez les hommes un peu fous, imaginatifs et inventifs, passez votre chemin ; celui-là ne manque pas d'imagination, mais il aime par-dessus tout la stabilité et la sécurité.

Ses idées, ses valeurs

Les valeurs du Taureau reposent sur la possession. Il est très lié à la terre. Il a besoin de posséder pour se sentir vraiment vivre. Évidemment, il risque d'attacher parfois trop d'importance aux questions matérielles, mais il faut comprendre qu'il sent les choses dans leur matérialité d'abord et avant tout. Cet homme aime tout ce qui est terrestre, tangible, et il supporte mal ce sur quoi il n'a pas d'emprise et ce qui lui donne un trop grand sentiment de grandeur. Il aime bien que le ciel soit étoilé, mais il veut être sûr de le regarder à partir du sol. Quand on comprend cet aspect de cet être, on a déjà fait un bon bout de chemin vers lui. Il ne faudrait pas exiger qu'il change; sa nature possessive peut s'allier à une forte spiritualité ou une grande générosité, mais il faut à la base comprendre son besoin de toucher, de sentir. De même, sa pensée doit prendre forme concrètement et il a l'esprit pratique. Il ne vous entraînera pas dans une vie abracadabrante et s'organisera toujours pour que tout le monde, autour de lui, ait à manger. On dit de lui qu'il pense avec ses mains!

Quelques types

Premier décan

Lorsqu'il est né avant le 30 avril, le Taureau est profondément actif et il va là où il le veut sans se laisser détourner d'aucune manière. En fait, il y a quelque chose de très bien chez ce type d'homme: il sait allier la passion et la raison, ce qui fait qu'on ne se trouve jamais mal prise avec lui.

Deuxième décan

Né entre le 1er et le 10 mai, le Taureau est des plus stables. Il faudra vraiment que vous aimiez ce type de personnalité pour vous entendre avec lui. Il sait ce qu'il veut et, quand il ne le sait pas, il le trouve. Il est généralement très habile en matière de finances personnelles, et il aime le confort et la stabilité. On peut compter sur lui. Mais pour être bien, on doit aimer la vie tranquille.

Troisième décan

Né entre le 11 et le 20 mai, le Taureau a une personnalité complexe. Il est stable d'un côté mais instable d'un autre. Il veut bâtir une relation à long terme, mais quelque chose en lui veut parfois le contraire. Il y a un mystère dans ce type de personnalité. Il faut l'aimer profondément et être soi-même très stable pour que l'union puisse durer.

Et les autres

Vous rencontrerez peut-être un jour un Taureau qui ne répond pas au portrait que je trace. Vous pourriez ainsi tomber sur celui qui a un caractère vraiment difficile. Celui-là a peut-être souffert un peu trop… Il vous faudra une bonne dose de calme et surtout une grande estime de soi pour vivre longtemps à ses côtés. Autrement, il existe aussi le collectionneur de femmes; il est rare, mais si vous le rencontrez, ne vous laissez pas duper, à moins d'avoir envie d'une petite aventure.

On a les qualités de ses défauts!

Le Taureau est patient. Il bouge lentement, ce qui garantit qu'il ne bouge pas pour rien. Il peut vivre une période moins facile ou carrément difficile sans fuir à toutes jambes. Il est moyennement actif et il est posé. Il est hédoniste et sait cultiver les plaisirs de la vie. Il aime la vie dans ce qu'elle a de tangible. Il a un tempérament pratique et travaille fort pour atteindre ses objectifs.

Il en prend vite ombrage si on brille plus que lui. Il est parfois jaloux, même si c'est souvent injustifié. Il n'est pas aussi rationnel qu'on pourrait le croire. Il peut être irascible s'il est tendu.

Premier regard, premières rencontres

Si vous lui plaisez, l'homme Taureau vous charmera par son côté tendre et naïf dans la vie amoureuse. Quand il est célibataire, il a des yeux tout le tour de la tête. S'il jette son dévolu sur vous, c'est qu'il croit sincèrement en la possibilité de former avec vous un couple durable. Il n'est pas homme à papillonner et il reste rarement célibataire longtemps. Tout de suite, vous saurez qu'il vous trouve de son goût, qu'il a envie d'aller plus loin avec vous. Son approche est plutôt directe et franche, et il complimente avec facilité. Le Taureau a un côté très romantique et il fait sa cour de façon tout à fait chaleureuse et rassurante.

C'est un homme sensuel, qui aime bien manger, bien boire, vivre dans un certain luxe. Privilégiez une première rencontre autour d'une table, au resto, chez lui (il est souvent excellent cuisinier) ou chez vous (préparez quelque chose de bon), et vous serez ravie d'avoir rencontré un tel homme.

Les doux plaisirs

Le Taureau est un homme sensuel. Il aime la bonne chère et la bonne chair! Il a le sens du plaisir et, même s'il est assez travaillant de nature (fort comme il est, il a besoin de dépenser son énergie), il garde toujours une place dans sa vie pour les plaisirs de l'intimité amoureuse. Il est très sensible aux odeurs, aux parfums et à la douceur de la peau.

Il aime faire l'amour souvent ou à tout le moins régulièrement. Il le fait lentement et savoure chaque minute. Même si votre couple prend de l'âge, ne perdez pas le contact charnel avec lui. Il est assez imaginatif et aime bien faire l'amour dans des lieux inusités. Si cela va mal avec sa compagne sur d'autres plans que le plan sexuel, la vie sexuelle en sera automatiquement affectée. Il a besoin d'une communication vraie et de se sentir accueilli dans tout son être pour rester physiquement proche de sa femme.

Et l'engagement?

Le natif du Taureau est par nature lent. Si le vôtre semble être rapide, c'est probablement qu'il a un ascendant fort. Il est lent, donc, et observe bien avant de s'engager vraiment. Il adore l'amour, il aime aimer et être aimé, mais il ne perd pas le nord pour autant. Il se demande calmement si vous êtes la bonne femme pour lui. Ce faisant, il ne fuit pas et semble stable; il ne vous fera jamais sentir qu'il est en train de réfléchir et d'hésiter à votre sujet. Avec cet homme, si vous devez faire un bout de chemin ensemble, vous vous sentirez tout de suite en sécurité et bien protégée. Cela dit, s'il semble hésiter à s'engager, vous pouvez lui faire part de vos vues. Les drames ne sont pas nécessaires; faites-lui une proposition simple et plutôt directe, ou parlez de ce que vous comptez faire l'année prochaine.

Ensemble tous les jours

Il aime l'intimité et il aime aussi vivre à la maison. La maison est un grand sujet de préoccupation et de plaisir pour le Taureau. Il vaut mieux, pour son bien-être, qu'il soit propriétaire d'un lopin de terre ou d'une maison (ou même plusieurs). Il associe amour et maison au point qu'on raconte que le Taureau – s'il sent qu'il aime pour de bon – peut acheter ou faire construire une maison avant même d'être assuré que son union fonctionnera.

Est-il sociable? Oui, en ce sens qu'il a beaucoup d'entrain et qu'il aime les gens. Mais, au fond, il préfère se trouver dans l'intimité qu'au beau milieu d'un grand groupe. Lorsqu'il est fatigué, il peut facilement être grincheux. Au quotidien, le Taureau déteste le bruit et aime vivre dans un environnement calme.

Aux côtés d'un Taureau, vous serez assurée d'une vie stable. C'est presque l'homme idéal pour la vie de couple; il sait faire des sacrifices quand c'est nécessaire et n'est pas enclin à être infidèle. De plus, il vieillit généralement bien et continue, même en vieillissant, de s'intéresser à toutes sortes d'activités. C'est toutefois un homme qui aime la routine; si vous n'aimez vraiment pas la stabilité et le train-train quotidien, il vaudra mieux aller voir ailleurs.

Êtes-vous « compatibles » ?

Lui et vous, femme Bélier

Si vous venez de rencontrer un Taureau, dites-vous simplement une chose, tout de suite : « Je ne m'énerverai pas quand les choses n'iront pas à mon rythme, je cultiverai la patience, je deviendrai souple et constante avec le temps. » Voilà. Si vous réussissez cela, tout ira bien. Autre chose : le natif du Taureau aime être encouragé, soutenu... Mettez un peu votre fougue naturelle de côté, donnez-lui un soutien quotidien et il vous le rendra au centuple.

Lui et vous, femme Taureau

Deux êtres stables et profondément terriens ensemble, cela peut donner, de deux choses l'une, un couple très stable ou un couple qui s'ennuie profondément. Eh oui, la routine peut prendre le dessus. Prenez dès aujourd'hui (que vous l'ayez rencontré hier ou il y a 20 ans) la résolution de pimenter votre existence commune et vous aurez devant vous de belles années. Vous aimez certainement les mêmes choses (la nature, les maisons, les arts) ; vous devez donc partager vos intérêts.

Lui et vous, femme Gémeaux

Si vous êtes une Gémeaux typique, vous avez peut-être tendance à changer d'idée comme de chemise, à hésiter, à tergiverser. Il faudra changer si vous êtes amoureuse d'un homme Taureau, car il s'en trouverait pris au dépourvu. L'homme de ce signe est essentiellement stable. Et si, pour une raison ou pour une autre, il ne l'est pas, il aura vraiment besoin de stabilité pour être heureux. Donc, travaillez cet aspect de votre vie... et vous aurez une union sereine. Autre chose: vous voulez lui faire plaisir? Intéressez-vous aux questions de finances et d'argent... Cela le rassurera. Il est parfois doué pour les affaires, parfois moins, mais quelles que soient ses qualités à cet égard, il appréciera que vous développiez cette qualité.

Lui et vous, *femme Cancer*

Dites adieu aux états d'âme changeants et vous pourrez fonder un couple qui a de l'avenir. Si vous ne pouvez échapper à ces fluctuations d'émotions, vous devrez apprendre à les gérer de manière à ne pas le déstabiliser. Parce que la première chose à savoir avec un Taureau, c'est qu'il n'est heureux que dans la stabilité. Ce qu'il aime de vous par-dessus tout, c'est votre côté tendre et protecteur, le plaisir que vous avez à prendre soin... de lui. Prenez bien soin de lui; ainsi, il vous aimera et l'appréciera au plus haut point.

Lui et vous, *femme Lion*

On ne dirige pas un Taureau, on ne le mène pas par le bout du nez, on ne se prend pas pour un chef avec lui... car il aime bien être le capitaine. Si vous acceptez cela, dans les faits vous collaborerez avec lui et vous pourrez bâtir un empire ensemble. Ce qu'il aime de vous au-delà de tout, c'est probablement le désir que vous suscitez chez lui. J'espère tout de même que vous n'êtes pas un pur Lion et qu'il n'est pas un pur Taureau, car dans ce cas votre passion sera flamboyante mais peut-être de courte durée. Pour une relation à long terme, laissez s'exprimer votre tendresse naturelle.

Lui et vous, femme Vierge

Votre rencontre et votre union seront basées sur les plaisirs simples, sur une routine pas ennuyante et sur les habitudes que vous aimez partager. Bon couple en vue, à condition de ne pas sous-estimer la valeur de l'homme Taureau. Vous lui apporterez la stabilité qu'il aime, mais il ne faudrait pas vous imaginer qu'il est moins intelligent que vous parce qu'il n'a pas votre facilité de parole. Cultivez les plaisirs sains. Ensemble, vous serez certainement en santé... et très contents de partager les mêmes vues sur la vie.

Lui et vous, femme Balance

Le Taurerau peut avoir tendance à rester dans des situations qui ne lui conviennent pas, et cela, vous aurez peut-être envie de le lui reprocher. N'en faites rien. Laissez-le vivre ses expériences, laissez-le aller au bout de ses choix ; il en tirera des leçons à son rythme. Cela dit, le Taureau, comme la Balance, aime ce qui est beau : deux esthètes ensemble, dira-t-on d'un couple comme le vôtre. Vous partagerez assurément les mêmes goûts et vous aurez du plaisir à enjoliver ce qui vous entoure. Vous ferez assurément un beau couple. Cultivez à deux votre art de vivre.

Lui et vous, femme Scorpion

Attirance assurée... Pour que ça dure, il faudra simplement ne pas chercher la dispute et même apprendre à la fuir. Vous êtes du genre lucide, vous jugez vite ce qui est bon et ce qui ne l'est pas. Apprenez à vous taire, à ne pas lui faire de remontrances, à ne pas remettre en question ce qu'il propose pour le simple plaisir de discuter. Vous êtes passionnée par tout, c'est ce qui l'attire, c'est ce qu'il aime de vous. Par votre passion, par votre chaleur, vous saurez le garder. Recherchez et trouvez en vous-même le goût de l'harmonie; il n'en sera que plus heureux.

Lui et vous, femme Sagittaire

Êtes-vous du type fidèle? Si oui, plongez. Vous serez bien ensemble. Mais si, par malheur, vous avez besoin que la vie soit une perpétuelle aventure et si vous êtes encore très jeune, votre couple ne pourra durer. Le natif du Taureau a besoin de vous sentir présente, stable, loyale. Il aimera savoir que demain vous ne lui annoncerez pas que vous avez pris un aller simple pour vous ne savez trop quelle destination. Ce que vous partagerez vraiment ensemble? Le plaisir de vivre dans la nature. À partir de là, on peut beaucoup. Si vous l'aimez vraiment, plongez. Mais ne vous retournez plus au passage d'un bel homme.

Lui et vous, femme Capricorne

Si vous êtes capable de lui montrer que vous l'aimez par des gestes tangibles, par des caresses, par de la tendresse, si vous savez dire «je t'aime» sans en faire une histoire, votre couple pourra être stable. Vous êtes tous deux épicuriens, mais lui l'assume probablement mieux que vous. Départissez-vous de votre sérieux et adoucissez-vous... adoucissez-vous. Il appréciera par-dessus tout votre loyauté, votre fidélité, votre constance. Ce couple est fait pour durer.

Lui et vous, femme Verseau

Si les biens matériels n'ont pas beaucoup d'importance à vos yeux, ne le lui dites pas trop. Vous êtes aérienne, il est terrien. Si vous atterrissez de temps en temps, vous vous entendrez bien ensemble. Vous vous entendrez aussi quand les journées seront calmes. Autrement, il vous trouvera bien originale! Bon, le mieux qui puisse vous arriver est que vous ayez des goûts communs... disons le sport, la nature, les arts.

Lui et vous, femme Poissons

Il a été attiré par votre romantisme, par votre capacité de tendresse et d'amour, mais il ne faudrait pas qu'il découvre trop vite votre propension à rêver tout haut. Si vous êtes une femme Poissons un peu réaliste, ça ira, mais si vous êtes très « éclatée », vous l'étonnerez trop. Ne lui dites surtout pas quels sont vos rêves les plus fous. Réalisez-les un à un sans trop en parler. Ainsi, vous le convaincrez par des actes plutôt que par des paroles.

Êtes-vous faits l'un pour l'autre ?

Non, si :

- vous êtes plus intéressée par votre œuvre ou par votre travail que par votre vie de couple.

- vous êtes trop novatrice et excentrique, vous aimez sortir des sentiers battus. Il est plutôt conservateur.

- vous n'êtes pas d'un naturel tendre et simple.

- vous êtes incapable de dire ce que vous ressentez.

- vous êtes très cérébrale ou carrément intellectuelle.

- vous êtes originale et imprévisible. Cela l'insécuriserait, lui qui aime être rassuré.

- vous ne savez pas de quoi demain sera fait et que cela vous va très bien ainsi.

Oui, si:

- vous êtes une femme de nature fidèle et stable.

- vous aimez les soirées tranquilles en amoureux, aimez bien manger.

- vous aimez faire à manger et aimez qu'on vous fasse à manger. Il adore les plaisirs de la table.

- vous avez le contrôle de vos finances personnelles. Mieux encore: si vous aimez bien vous occuper de ces questions.

- vous êtes une bonne vivante au quotidien.

- vous êtes casanière.

- vous êtes d'un naturel tendre, aimant, maternel (pas qu'il soit un bébé, mais il est attiré par les femmes maternelles).

L'homme Gémeaux

Né entre le 21 mai et le 21 juin

Un être vif, changeant et jamais ennuyant

Pour savoir si vous avez des chances d'être heureuse avec un homme né sous le signe du Gémeaux, prenez simplement une minute pour vous demander si vos rapports intellectuels avec lui sont bons. Si vous ne partagez pas les mêmes goûts culturels, si vous n'aimez pas discuter ensemble, si vous n'avez pas les mêmes intérêts de loisirs que cet homme, passez votre chemin et n'y pensez plus.

Il n'a pas vraiment confiance en ce qu'il ressent. Il n'est pas non plus aussi sûr de lui qu'il le paraît; il sent, il absorbe l'ambiance, mais ensuite il s'empresse de rationaliser, d'expliquer, d'analyser, ce qui fait qu'il a parfois de la difficulté à exprimer ses émotions. Il ne dira pas facilement qu'il vous aime, puisqu'il est peu expressif sur le plan des sentiments. Il a un côté réservé du point de vue sensuel et émotif.

Vous vous posez des questions sur lui? C'est pourtant inutile avec un tel homme. Comprenez une chose: malgré sa grande sociabilité apparente, il a un côté solitaire. Il a besoin d'un espace à lui, d'une ambiance calme, d'un peu de solitude. En fait, si vous êtes un peu moins amoureuse de lui que lui de vous, ce sera plus facile pour vous deux. Si vous êtes plus passionnée que lui, il faudra à l'occasion vous raisonner, revenir sur terre, comprendre qu'il a besoin de vous quitter pour mieux vous retrouver. On dit souvent cela des hommes en général, qu'ils ont besoin de partir pour mieux revenir, contrairement aux femmes, qui apprécieraient davantage la continuité. Il est difficile de savoir jusqu'à quel point c'est vrai, mais pour le Gémeaux (comme pour quelques autres signes), c'est très juste. Une union avec lui marchera bien si vous l'intéressez, si vous n'êtes pas trop forte sur la routine, si vous aimez l'imprévu, si vous ne vous fâchez pas pour un oui ou pour un non et enfin si vous avez un caractère souple et indépendant.

Au-delà de tout, le Gémeaux a besoin d'une compagne intelligente et mentalement habile. Il sera malheureux comme les pierres s'il ne sent pas que les discussions sont possibles. Une femme intelligente, très cultivée, très diplômée (un peu moins que lui tout de même, si possible, sinon ne vous en vantez pas!) et très féminine de surcroît aura tout pour lui plaire. Le vrai chemin vers son cœur reste la communication cérébrale.

Il faut avoir un tempérament joueur pour apprécier pleinement une union avec un tel homme. Si vous avez du plaisir à vous dire « Je tente ma chance, je saute, advienne que pourra », sautez : vous êtes peut-être faite pour lui.

Il aime bien manger, en termes de qualité et non de quantité. C'est un gourmand civilisé. Il aime la compagnie des gens et adore converser et discuter. Il est d'ailleurs plus habile avec les mots que la moyenne des gens et fait souvent des remarques fines et intelligentes. C'est quelqu'un dont vous entendrez souvent dire qu'il a de l'esprit. Étant sociable et aimant la compagnie, il sait faire des compliments et ne s'en prive généralement pas. Il ne fait pas étalage de ses sentiments, mais il n'hésitera pas à dire un mot gentil sur votre apparence ou sur un bon coup que vous venez de faire. Il a aussi beaucoup de goût ; vous pouvez donc vous fier à son jugement en matière d'esthétique.

L'homme Gémeaux a un côté voyageur au sens où il adore fréquenter des gens qui viennent de tous les horizons. Il aime apprendre et fréquenter des gens qui peuvent le renseigner sur des us et coutumes différentes des siennes. Un Gémeaux a des amis qui viennent de partout et il peut très bien s'unir à une femme d'une culture différente de la sienne. Il sera au moins sûr de ne pas s'ennuyer !

Il aime bouger. Si vous êtes casanière, si rien ne vous semble plus agréable que de passer vos soirées à la maison au coin du feu, cet homme n'est peut-être pas fait pour vous. Il aime les courts voyages, les imprévus, visiter des amis qui habitent la campagne. Si vous l'observez le moindrement, vous noterez qu'il ne reste pas en place longtemps.

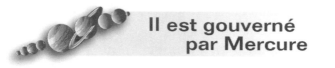

Il est gouverné par Mercure

Gouverné par Mercure, la planète la plus petite et la plus rapide du système astrologique, le Gémeaux est rapide, mouvant, léger. Il a quelque chose de fuyant. La femme qui aime un natif du Gémeaux aura avantage à ne pas désirer être rassurée à tout prix. Si elle a vraiment besoin de ce sentiment de sécurité, elle gagnera à se tourner plutôt vers le natif du Taureau. Avec un Gémeaux, vous aurez parfois l'impression qu'il souhaite partir. Lorsqu'il partira faire les courses, vous vous demanderez pendant un instant s'il rentrera, ce qui est peut-être un bon liant pour l'amour, en fin de compte.

Reste que du point de vue de la vie quotidienne, vous ne vous ennuierez pas. Le Gémeaux ne s'enlise pas dans la platitude ; il aime l'imprévu et sait y faire pour que la vie ne devienne pas une longue suite de jours qui se ressemblent tous.

Il est sensible aux ambiances. Il sent tout ce qui se passe autour de lui. Il n'a pas un tempérament inquisiteur, mais il s'intéresse à tout et il est curieux. Il sent souvent des choses dans l'air, que vous et moi, à moins d'être né sous un signe d'air, comme Verseau, Gémeaux ou Balance, percevons difficilement. Il sait, il connaît, il appréhende ; c'est un homme cérébral avant d'être un homme sensuel. Il sera donc plus heureux avec sa compagne si leur union est fondée sur le partage de goûts communs.

Ses idées, ses valeurs

Ses idées, vous mettrez peu de temps à les connaître, puisqu'il adore discuter. Il aime souvent la politique et tout ce qui touche l'actualité. C'est un homme moderne, peu tourné vers le passé. Il a souvent du goût et il aime les arts. Il peut facilement devenir amateur d'art.

Il est toujours en processus d'échange et de communication. Il évalue, analyse, observe ce qui circule dans un sens et dans un autre. Il est souvent très cultivé.

Quelques types

Premier décan

Né avant le 1er juin, le Gémeaux est du type stable. Il a une personnalité en proie à des tendances opposées, contradictoires. En fait, on peut parfois se demander s'il arrive même à s'entendre avec lui-même. Cela dit, c'est un homme de couple. Il est rarement volage, et pour qu'il le soit, il faut presque l'y pousser. Ses démons sont surtout intérieurs. Il aimera que vous l'en protégiez un peu. En échange, il sera toujours à vos côtés même si vous-même avez une personnalité complexe.

Deuxième décan

S'il est né entre le 2 et le 11 juin, vous vous demanderez parfois où est ce Gémeaux, dans quel univers il se situe, quelles sont ses opinions. On dirait par moments qu'il rêve sa vie. Souvent beau, il garde longtemps un air juvénile, qui peut tromper. En fait, il réfléchit beaucoup et se protège. C'est un homme qui aime plaire et qui aime la compagnie des gens en général, un homme de fêtes et de réunions. Il a un côté très diplomate.

Troisième décan

Né entre le 12 et le 21 juin, le Gémeaux a un côté sensible et maternel. Il prend soin de ses proches, il est là pour eux; il aime soigner les autres. Il est à la fois sociable et secret, tendre et distant, présent et absent. Bref, il est loin d'être facile à suivre! Il veut être libre tout en sachant que vous serez toujours là pour lui. Un bon casse-tête… pour celles qui aiment!

Et les autres

Phénomène rare, vous pourriez évidemment rencontrer un Gémeaux parfaitement ennuyant. Celui-là serait sûrement en dépression. À vous de voir si vous vous sentez le cœur d'une infirmière!

On a les qualités de ses défauts!

Il est dynamique et agréable en société. Il s'exprime bien. Il est intelligent et cultivé, il sait charmer, il adore faire la conversation et enseigner ce qu'il sait. Il est habile et il a bon goût. Il est sincère quand il fait des compliments. Il peut réunir les gens en fonction d'un objectif. Il brille. Il aime la belle vie: les bons vins, les beaux et intéressants livres… Il a de belles manières. Il s'intéresse aux autres, leur pose des questions. Il n'est pas rancunier. Il aime faire de courts voyages. Il est stimulant. Il est *cool*. Il n'a pas la nostalgie du passé.

Il rationalise parfois trop. Il est cérébral et n'est pas toujours compréhensif. Il déteste ce qui se répète et peut avoir l'esprit très critique. Il peut être affable en société mais parfaitement désagréable dans l'intimité. Il ne supporte pas la stabilité ou, s'il la supporte, il s'enfonce dans la mauvaise humeur. Il est exigeant : il faudra changer de style souvent pour lui plaire longtemps. Il est si adroit qu'il a parfois de la difficulté à être intègre. Il est parfois joueur. Il déteste qu'on soit trop près de lui. Il peut être sarcastique.

Premier regard, premières rencontres

Le Gémeaux est sociable. Il aime les fêtes, les soirées qui s'étirent, les rencontres entre amis ; il se sent à l'aise lorsqu'il y a du bruit et du monde. La première fois que vous vous verrez, il est bien possible que vous ne vous parliez même pas. Il se contentera de vous observer de loin et, si vous vous parlez un peu, cela restera probablement très superficiel. C'est tout de même là, au milieu d'un certain brouhaha, qu'il se dira : « J'aimerais bien revoir cette fille. »

Si vous sentez un intérêt réciproque, mettez-vous tout de suite en mode mystère et intrigue. Il adore ne pas tout savoir, qu'il y ait une certaine distance, une réserve, il aime se questionner. Faites en sorte qu'il rêve de vous, qu'il ait envie de vous courir après. N'allez pas trop vite vers lui même si vous en mourez d'envie.

En période de fréquentations, il vous apportera des fleurs, du vin, un bon cd, un livre... Il sera charmant et généreux. Il pratique un bel art de vivre, ce qui est vraiment agréable. Il vous signifiera qu'il vous aime de mille manières fines. Une fois que vous serez vraiment sous le charme, il n'est pas impossible qu'il annule quelques rendez-vous sans raison apparente ou qu'il devienne parfois d'une froideur inquiétante. Ne vous en formalisez pas trop ; trois jours plus tard, il redeviendra le charmeur de qui vous êtes tombée amoureuse.

Les doux plaisirs

La sensualité du Gémeaux est loin d'être absente, mais elle est plus diffuse que chez la moyenne des hommes en raison de sa grande cérébralité. Il utilise tous ses sens. Pour lui, l'amour n'est pas seulement physique. Il aime la beauté, et son amour grandit avec l'expérience commune du couple.

En pratique, il aime faire l'amour souvent, dans plusieurs endroits ou plusieurs positions, assez rapidement. Il est vif, il bouge vite... on l'a dit, et il est comme ça côté sexe aussi. Il embrasse très bien et il excelle dans les prémisses, mais après, on dirait parfois qu'il se dépêche. Il y a une chose très importante à savoir sur le Gémeaux, c'est qu'il croit, au fond, que le sexe est secondaire. Sans aller jusqu'à penser qu'il n'a pas d'importance du tout, il a une perspective globale et, dans cette perspective, le sexe a une place sans avoir toute la place. Malgré tout, il vous ravira souvent en vous surprenant.

Et l'engagement?

Avec un natif du Gémeaux, il faut tout de suite observer sa manière d'agir plutôt que sa manière de parler. Car les bons et beaux mots, il les connaît et il sait très bien s'en servir, ce qui fait qu'il peut faire tourner en bourrique à peu près n'importe qui, y compris vous. Le Gémeaux est un homme qui aime les surprises. Il adore être étonné, il adore les femmes avec lesquelles il est sûr qu'une relation routinière ne pourra pas prendre racine. Si vous aimez la routine, oubliez-le : ça ne fonctionnera pas. De son côté, il saura vite si son amour pour vous pourra durer ou non. S'il vous regarde avec des yeux de merlan frit (j'exagère à peine), c'est probablement qu'il est amoureux fou de vous... Soyez fière, pavanez un tout petit peu.

Si vous souhaitez vivre avec lui une union stable et durable, ne soyez pas trop patiente tout de suite. Vous aurez tout le temps de pratiquer votre patience par la suite, car votre couple sera plus sûr. Dans un premier temps, voyez sa manière d'agir. Est-il empressé ? Veut-il vous voir souvent ? Vous fait-il des propositions claires, suivies d'actions tout aussi claires ? Si oui, allez-y. Sinon, ne perdez pas de temps. Éloignez-vous un peu, allez voir ailleurs, ne restez pas là à vous imaginer qu'une femme triste puisse aiguiser sa sensibilité au point de le faire rester auprès d'elle. Il aime les femmes indépendantes et, pour tout vous dire, celles qui savent le faire légèrement souffrir tout en l'aimant. Il faut avoir un tempérament un peu joueur pour vivre longtemps auprès d'un tel homme.

Ensemble tous les jours

Votre Gémeaux peut parfois, et même assez souvent, avoir un côté critique et impatient. Au jour le jour, vous découvrirez ses insatisfactions. Rappelez-vous également qu'il doit toujours être surpris, étonné, que sa curiosité doit être nourrie. Cependant, il a un bon sens de l'observation et il ne se prive pas de faire des compliments. Il ne manquera pas non plus de noter ce qui lui déplaît, de faire des remarques sur le style de vie qui l'ennuie.

Au cours des jours, des mois, des années, votre chéri peut changer considérablement. Une semaine, vous vivrez avec un individu sauvage et grincheux, la semaine suivante, il se métamorphosera pour devenir le plus gentil et le plus tendre des hommes (il peut faire durer ce cycle jusqu'à sept ans!). Vous vivrez parfois difficilement ces changements, car ils sont vraiment profonds. Mais voyez les choses en face: on ne s'ennuie pas avec cet homme. Si vous aimez vivre au jour le jour (sans trop vous préoccuper du futur), si vous êtes une femme active et imaginative, si vous ne pouvez souffrir le manque d'intelligence, vous venez de trouver la perle rare! Au travail, faites vos preuves: mettez du piquant dans cette union et votre bonheur pourra durer.

Êtes-vous « compatibles »?

Lui et vous, femme Bélier

S'il est typique, il place l'amitié au-dessus de presque tout, mais disons après ses enfants. Si vous l'aimez, aimez ses amis, car autrement votre couple sera en difficulté à long terme. Il aime bien recevoir aussi... et ses amis, il les invite avec grand plaisir. Espérons que vous aimez la vie grégaire! Vous êtes directe de nature? Mettez un bémol sur ce trait de votre personnalité. Il aime bien le mystère; sachez donc l'entretenir... au moins un peu.

Lui et vous, femme Taureau

Vous voyez pas mal de choses, vous êtes attentive ? Bravo, mais surtout ne commencez pas à le surveiller ou à lui donner l'impression que vous le surveillez de votre attention naturelle. Il n'aimerait pas. Il aime plaire, vous vous en rendrez compte avec le temps et même probablement dès votre première rencontre. Mais il aime plaire en général, à tout le monde, pas seulement à vous. Ça ne veut pas dire qu'il est infidèle, sachez-le dès le départ. Laissez-vous aller à la joie, aux plaisirs de la vie. N'essayez pas de contrôler les situations, les événements. Le signe le plus clair pour savoir si vous avez un avenir ensemble ? Posez-vous la question suivante : avez-vous du plaisir avec lui ?

Lui et vous, femme Gémeaux

Vous aimez certainement tous les deux les longues conversations, voire les discussions. Au début, ce sera prometteur, vous passerez des heures à vous raconter votre enfance, vos souvenirs, vos voyages, vos journées... Faites simplement attention de ne pas finir par prendre plaisir à vous disputer, car personne n'y gagnerait. Vous vous valez l'un l'autre, en paroles. Voilà un bon couple si vous vous dites les vraies choses (sans changer d'idée plus que nécessaire) et si, surtout, vous êtes capable de vous respecter en toutes circonstances. Chacun son opinion, chacun ses goûts, et partagez ce qui vous réunit...

Lui et vous, femme Cancer

Il est peut-être un peu indépendant d'esprit pour vous. Vous vous imaginerez qu'il ne s'intéresse pas à vous parce qu'il a peu tendance à écouter les malheurs des autres. Une preuve d'amour pour vous serait qu'il compatisse à vos peines. Et ça, ce serait bien étonnant qu'il vous la donne! L'homme Gémeaux est un cérébral avant d'être un tendre. Pourrez-vous vous y faire? Si oui, vous ferez route ensemble. Vos points favorables: votre sensibilité à ce qui se passe autour de vous, votre intuition et vos sens secrets, qui lui seront très précieux. Aidez-le à mieux comprendre ce qui se passe autour de lui. Aidez-le à discerner les gens qui sont bons pour lui de ceux qui le sont moins.

Lui et vous, femme Lion

Si vous êtes typique de votre signe, vous aimez bien dominer, ce qui est dangereux avec un homme Gémeaux. Il sera peut-être impressionné dans un premier temps, mais il se lassera s'il sent qu'il passe toujours après vous. Il doit paraître. Remarquez que toutes les femmes du signe du Lion ne sont pas dominatrices; il y a aussi de douces, tendres et maternelles lionnes. Si vous êtes de celles-là, vous avez peut-être trouvé votre homme. Il sera impressionné par votre grande vigueur, votre force et votre loyauté. S'il s'en inspire, vous serez heureux.

Lui et vous, femme Vierge

Vous avez beaucoup en commun: l'envie de refaire le monde en paroles, un plaisir à converser et à discuter et, souvent, vous partagez les mêmes valeurs. Seule difficulté à éviter: vous avez généralement un goût de l'ordre un peu maniaque, qu'il n'a pas. Il n'aime pas non plus qu'on lui dise quoi faire. Si vous êtes capable de laisser tomber ce côté de votre personnalité (si vous l'avez), tout ira pour le mieux. Vous courrez ensemble les librairies, vous irez au cinéma, vous discuterez... et vous aurez beaucoup de plaisir.

Lui et vous, femme Balance

Êtes-vous à la recherche de votre identité profonde ? Vous demandez-vous ce que vous aimez faire dans la vie ? Vous questionnez-vous sur le sens de l'existence ? Si oui, ce n'est pas le moment de vous associer à un natif du Gémeaux. Ou, à tout le moins, n'allez pas croire qu'il vous aidera à trouver votre voie. Le Gémeaux adore les femmes que l'on pourrait dire accomplies et a de la difficulté avec celles qui sont encore en recherche. Tous deux aériens, vous aurez certainement beaucoup en commun, mais vous serez plus heureux ensemble quand l'eau aura coulé sous les ponts. Un couple du type bon vin, qui se raffine avec l'âge !

Lui et vous, femme Scorpion

Le Gémeaux aime plaire... Très important : si vous êtes amoureuse d'un type comme lui, extirpez illico presto toute forme de jalousie de votre vie, de vos émotions, de vos rêves. Si vous vous complaisez à quelque forme de possessivité que ce soit avec un Gémeaux, vous ne serez pas heureuse. On ne le contraint pas, on ne le soupçonne pas de quoi que ce soit, on n'est pas méfiante envers lui, au risque de le voir partir. Donc, si vous l'aimez, décidez dès aujourd'hui de mettre de côté certains traits de votre personnalité : possessivité, jalousie, méfiance, et d'en exploiter d'autres : joie de vivre, légèreté, goût du plaisir.

Lui et vous, femme Sagittaire

Lui et vous avez à la fois beaucoup en commun et des sphères d'influence et d'intérêt très différentes les unes des autres. Vous avez les mêmes idées, mais le Gémeaux vit au quotidien, dans la vie, tandis que vous philosophez sur le sens de la vie. Il pourrait d'abord être impressionné, puis se sentir moins intelligent que vous. Même si ce n'est pas vrai, quelque chose de votre univers pourrait lui sembler trop grand pour lui. Si vous faites le choix d'être à ses côtés, revenez vite sur terre : il y aura des soupers à préparer, des fêtes à organiser.

Lui et vous, femme Capricorne

Il est d'humeur légère, il est tendre. Vous êtes sérieuse et parfois un peu pessimiste. Comment vous entendrez-vous ? Peut-être bien si vous ne vous lui donnez pas le sentiment d'être regardé de haut. Il pourrait souffrir de se sentir moins futé que vous, moins habile, et de recevoir des conseils de vous. Bref, l'entente sera bonne si vous vous départissez de votre côté un peu austère, très responsable. Amusez-vous ! Suivez-le, faites-lui confiance et vous irez loin ensemble.

Lui et vous, femme Verseau

Lui et vous avez beaucoup en commun, parfois trop. Au début, vous serez émerveillée de sentir que, pour une fois, quelqu'un semble penser comme vous, voir les choses de votre point de vue. Pas de compromis à faire l'un vis-à-vis de l'autre. Mais le quotidien pourrait se révéler moins facile à vivre : vos forces et vos faiblesses sont souvent les mêmes. Veillez simplement à ne pas être trop imprévisible, car cela le déstabiliserait. Mine de rien, il aime bien être rassuré. Ce qui vous sauvera ? Votre amitié profonde, vos goûts communs, votre sens du plaisir.

Lui et vous, femme Poissons

Vivez-vous sur des plans différents? Possiblement. Êtes-vous du type rêveuse? Si oui, il y a un risque que ce genre d'homme ne vous rende pas heureuse. C'est qu'il sera impossible pour lui de vous aider à revenir sur terre. Il ne comprendra pas trop où vous vous situez. Si vous êtes un Poissons stabilisé, alors là, peut-être pourrez-vous vivre une union durable. Perspicace et intuitive, vous saurez lui faire voir les choses dans une juste perspective. Avec vous et grâce à vous, il verra mieux et plus loin.

Êtes-vous faits l'un pour l'autre?

Non, si:

- vous aimez passer de longues soirées à la maison en tête à tête.
- vous n'aimez pas ses amis.
- vous n'êtes pas d'un naturel sociable.
- vous préférez la stabilité à l'imprévu.
- vous avez de la difficulté à vous adapter au changement en général.
- vous êtes jalouse et possessive.

Oui, si:

- vous êtes forte, joueuse, active, intéressante, amusante et pas trop tourmentée.
- vous êtes indépendante de fortune et de personnalité.

- vous êtes passionnée par vos activités et en position d'être admirée. Il adorera, par exemple, que vous soyez la première dans votre secteur d'activités.

- vous n'êtes pas jalouse, si vous êtes capable d'admiration béate et, surtout, si vous êtes très sûre de vous.

- vous n'avez pas besoin d'être rassurée par votre partenaire.

- vous adorez plaire et charmer, si vous aimez changer de style vestimentaire, de couleur de cheveux... Si vous aimez tellement plaire que vous y consacrez pas mal de temps.

- vous aimez l'imprévu et êtes capable de vous adapter aux changements soudains.

L'homme Cancer

Né entre le 22 juin et le 22 juillet

Un être sensible, intuitif et sensuel

Le natif du Cancer aime être plongé dans des sensations diffuses ; c'est un être d'une grande sensibilité. Se sentant parfois vulnérable, il est mieux dans sa vie s'il chemine en compagnie d'une femme qui le protège. Il n'est ni très indépendant ni solitaire. De nature pudique, il se dévoile assez lentement. Mais son intuition est si forte que, généralement, il sent rapidement si le lien tiendra avec une femme et de quelle nature il sera.

Le Cancer n'est pas un être calculateur ou malhonnête ; il ne croit pas facilement en la mauvaise volonté des gens. D'emblée, il perçoit leur bonté et, s'ils ne le sont pas, il trouve une explication à cela. Pour cette raison, il est souvent uni à une femme un peu plus méfiante et réaliste que lui.

Il adore l'intimité, la vie de famille, passer du temps à la maison, s'occuper de ses proches et de son environnement. À moins de mener une carrière passionnante (par laquelle il sauvera des gens), il s'organise pour que son travail lui laisse pas mal de liberté et de temps. Il faut savoir aussi que cet homme est très susceptible : ne jamais se moquer de lui est donc la première règle pour atteindre une stabilité avec lui.

Il n'est pas très habile (à moins que son ascendant l'aide en ce sens) lorsqu'il s'agit de lutter, de se battre, de vivre dans une ambiance conflictuelle. Il préfère nettement l'harmonie et peut même l'imaginer, la rêver, si elle n'est pas vraiment présente. En tant que compagne, une fois de temps en temps, il faut le ramener à la réalité et lui faire voir (doucement) ce qui pourrait être réorganisé, modifié, changé. Lorsqu'on l'agresse, il est bien possible qu'il ne se défende pas, et c'est pour cette raison qu'il a besoin d'une femme affectueuse à ses côtés.

Le Cancer a une forte imagination et il peut avoir rêvé à vous pendant des lunes avant de se déclarer. Ses motivations, ses objectifs, ses rêves prennent leur source dans son passé lointain. Avec lui, plus qu'avec n'importe quel autre signe, on prend conscience que l'inconscient joue un rôle important dans la vie de tous les jours. Il est très créateur et très imaginatif. Dans son travail, il aborde tout à sa manière et il a toujours de bonnes idées.

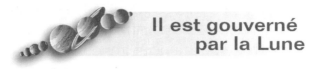

Il est gouverné par la Lune

Pour comprendre le Cancer, on peut se référer à la Lune, qui le gouverne. Tout comme elle, il change de forme, de luminosité et, dans son cas, d'humeur. On dit souvent de lui qu'il est « lunaire » ou lunatique. Le Cancer est soit un introverti qui nourrit son imagination de son monde intérieur, soit un extraverti qui nourrit son imagination de ce qu'il perçoit dans le monde. Il a bon caractère, et il lui est donc difficile la percevoir de la mauvaise volonté chez les autres. Il est naturellement bon, et seuls les gens autour de lui peuvent lui faire voir ce qui n'est pas très « pur ». Même intérieurement, il éprouve de la difficulté à vivre avec ce qui, en lui-même, est moins bon. La Lune bouge et change tous les jours et, tout comme elle, notre Cancer se métamorphose souvent : il semble toujours en train de changer, en apprentissage, en devenir. Il pourrait être imprévisible si son code moral ne le restreignait pas. Il est intuitif avant d'être rationnel.

Sur le plan physique, si vous regardez bien un Cancer (ou un homme qui a de fortes planètes en Cancer), vous percevrez la Lune en lui : il a souvent un visage rond, des sourcils particuliers ; vraiment, il a un petit quelque chose de lunaire !

Ses idées, ses valeurs

Les valeurs du natif du Cancer sont toujours liées à celles de sa famille et reposent sur la force de celle-ci. Autrement dit, il ne se détache pas de sa famille de naissance et, celle qu'il cherche à bâtir, il la voudra sur le même modèle, à moins évidemment qu'il s'agisse d'un modèle pauvre en espoir de bonheur. Pour lui, dans tous les cas, le fait de créer une cellule familiale reste de première importance. Ce sera un but avoué et clair. De cela, il ne doutera jamais. Même s'il a une carrière prenante, il privilégie toujours sa famille, ses proches, son intimité. Pour cette raison, la plupart des natifs du Cancer ont une maison chaleureuse et accueillante.

Le Cancer est aussi rêveur; il imagine avant de faire des plans. S'il tombe amoureux, par exemple, il entrera dans un univers totalement imaginaire, qui lui permettra d'atteindre ce qu'il souhaite vraiment. De là, il se fixera des objectifs, il agira.

Quelques types

Premier décan

S'il est né entre le 22 juin et le 1er juillet, ce Cancer peut avoir un côté volage. En fait, il peut mener une double vie, sinon une triple. Il aime d'un côté la stabilité de la famille et un certain traditionalisme, et de l'autre les folies, la vie « éclatée ». Il est aussi adroit, ce qui fait qu'il réussit à ne se priver de rien. C'est tout de même un homme profondément bon, qui sera toujours là si vous avez besoin de lui.

Deuxième décan

Né entre le 2 et le 11 juillet, le Cancer est souvent magnétique. Il est comme les vagues du bord de mer: il vous enveloppe, il vous magnétise, puis il se passionne pour son travail et vous oublie presque complètement. Ensuite, il rentre à la maison et a besoin de vous, presque comme d'une maman. Il conserve un côté petit garçon, qui a besoin d'être protégé, tout en ayant un côté très protecteur. Deux hommes en un !

Troisième décan

Né entre le 12 et le 22 juillet, le Cancer aime briller et n'est pas du tout indifférent à ce qu'on pense de lui. Il a souvent un côté snob, et on se demande parfois si ça ne provient pas, à l'origine, d'un petit complexe. Il voudrait être le meilleur en tout ! Cela dit, il a bon cœur et il est toujours présent quand il sent qu'on a besoin de lui. Il peut lui arriver de rester seul, mais ce n'est pas vraiment bon pour lui.

Et les autres

Vous rencontrerez aussi certains natifs du Cancer qui sortent de l'ordinaire. Parmi eux, on trouve le rêveur invétéré de type nomade, qui semble un peu perdu. On peut également rencontrer des hommes sensibles, qui cachent cette sensibilité derrière un masque dur. Enfin, il y a les imaginatifs un peu fous, artistes dans l'âme, qui doivent impérativement trouver leur voie pour être heureux.

On a les qualités de ses défauts !

Il est bon cuisinier, s'engage après un temps qui peut être long, puis ne recule plus. Il est patient, sensible, loyal (bien qu'il aime parfois flirter), romantique et sécurisant. Il gagne généralement bien sa vie, car il aime l'argent. Il est économe, généreux, imaginatif et créateur.

Il est taciturne, tourne en rond, rêve, est méfiant, flirte (drague), est pessimiste, est *moody*, est *insécure* et a besoin d'être protégé et consolé, est vulnérable. Il accorde plus ou moins d'importance aux questions de santé avant d'avoir atteint la cinquantaine.

Premier regard, premières rencontres

L'homme Cancer pense puis agit à partir de ce qu'il ressent. Vous saurez qu'il est tombé sous votre charme si vous le sentez très attentif à vous. Littéralement, il tournera autour de vous; vous sentirez son regard attentif et il s'empressera de vous rendre service et de combler vos besoins. Il a un petit quelque chose de maternel, de rassurant. C'est réciproque? Sachez que toutes les questions qu'il vous posera à votre premier rendez-vous auront pour but de voir si vous avez ce qu'il faut, tous les deux, pour aller plus loin. Surtout, il voudra savoir si vous avez les mêmes objectifs.

Il est du type traditionaliste. Donc, ne vous comportez pas en excentrique, à moins de l'être vraiment et de savoir qu'il n'est pas l'homme de votre vie. J'aurais presque envie d'ajouter: «Ne tombez pas dans ses bras le premier soir», mais il ne faut pas être dogmatique! Sachez tout de même que votre Cancer, charmant, chaleureux, intuitif et grand amoureux, possède également un côté rationnel: il voudra savoir qui vous êtes vraiment, vos objectifs de vie et, évidemment, si vous vous entendriez avec sa famille. Espérons d'ailleurs que vous aimez la vie de famille, la sienne comme celle que vous aurez peut-être ensemble.

Sa sensibilité et l'influence de la Lune peuvent l'amener à faire quelques pas en avant puis à reculer. Ne vous inquiétez pas: c'est probablement une danse lunaire! Intérieurement, il sait ce qu'il veut.

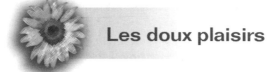

Les doux plaisirs

Le Cancer est un être sensuel et chaleureux, et vous ne souffrirez pas d'être avec un homme froid si vous êtes sa partenaire. Il aime aimer et être aimé. C'est un libre penseur et il ne pense pas que certaines choses se font et d'autres non. Autrement dit, vous pouvez tout proposer, tout essayer, tout demander.

Cela dit, les premiers temps, il peut prendre un certain temps avant de se sentir en confiance. Respectez son rythme, vous ne le regretterez pas. Il est aussi amoureux que sexuellement excitable. Il adore faire l'amour avec une femme qu'il aime. Il n'est pas vraiment du genre porté sur le sexe seulement. Comme femme, vous serez comblée avec cet homme si vous aimez vous-même faire l'amour lentement et longtemps.

Et l'engagement?

Le natif du Cancer est un homme intuitif; on pourrait dire qu'il est branché sur les ondes universelles! Dès votre première rencontre, il saura si vous serez amis, amants ou amoureux... Mais l'homme Cancer peut avoir des relations très spéciales avec les femmes. En fait, il peut être seulement ami avec une femme, ce qui n'est pas le cas de tous les hommes. Mais revenons à nos moutons: voudra-t-il aller plus loin et comment le saurez-vous? S'il ne vous donne pas d'indices, la meilleure manière de savoir à quoi vous en tenir sera de... le lui demander.

Il sera ravi que vous mettiez la question sur la table. Cela lui donnera probablement le goût d'aller plus loin et, en plus, il sera un peu plus sûr de vos sentiments. Il aime bien que ces questions-là se discutent, à deux, sans détours et sans drame, avec simplicité. Pas la peine de vous en faire avec ça. C'est un intuitif qui avance à pas de tortue, mais qui va à son but.

Ensemble tous les jours

Puisqu'il est casanier, il sera important d'organiser votre vie commune (et surtout votre lieu de vie) de manière à ce que vous vous sentiez tous deux parfaitement à l'aise. Plus que les natifs de tout autre signe, il a besoin de son confort et de vivre dans un environnement qui le rassure. Demandez-vous si, quand il rentre à la maison, il peut se dire : « Home, sweet home ! »

Ce qui pourrait vous porter sur les nerfs de temps en temps, et même assez souvent au début de votre union, ce sont ses humeurs changeantes. Cet homme peut carrément devenir désagréable ou, en tout cas très fermé, quand il est tendu, pour redevenir charmant quelques minutes plus tard. Quand il est dans sa bulle noire, il n'y a pas grand-chose que vous puissiez faire si ce n'est le supporter.

Ne vous compliquez pas trop l'existence avec ces moments de tension et dites-vous qu'ils s'espaceront un peu au fur et à mesure qu'il vieillira. Par ailleurs, auprès de lui, vous aurez un rôle quelque peu maternel. Demandez-vous si cela vous convient. Si oui, sachez que vous vivrez beaucoup de bonheur avec cet homme et qu'il se bonifiera avec le temps.

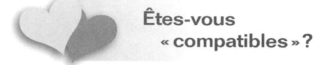

Êtes-vous « compatibles » ?

Lui et vous, femme Bélier

Voici une étrange association. Vous êtes forte, et il l'est aussi, mais dans des sphères d'activité différentes et d'une manière différente. S'il vous sent vraiment chasseresse, il prendra la fuite car il aura peur de vous. Il vaudra peut-être mieux mettre un bémol sur votre grande énergie quand elle ne sera pas positive. Ce qu'il aimera beaucoup de vous ? Votre enthousiasme, votre courage, votre capacité d'agir. Si vous êtes du type bâtisseuse, allez-y.

Lui et vous, femme Taureau

Vous l'avez rencontré, vous l'avez aimé tout de suite, vous voulez maintenant construire durablement. De son côté, il vous aime, il est bien, il rêve, il plane, il flotte. Ne ruez pas dans les brancards, ne le pressez pas ! Votre tempérament pratique pourrait vous jouer un vilain tour avec un tel natif. C'est un bâtisseur, mais un bâtisseur lent. Adaptez-vous à son rythme, suivez-le plutôt que de vouloir mener ; vous prendrez plaisir à ralentir votre pas. Il aimera par-dessus tout votre grande capacité d'affection et votre stabilité.

Lui et vous, femme Gémeaux

Développez votre sensualité et vous serez heureuse avec un tel natif. Il a besoin de votre affection, de vos gestes tendres, de votre soutien physique et moral, mais il n'a pas vraiment besoin de discuter, de s'obstiner, de réfléchir... Généralement, ce natif n'est pas un cérébral mais plutôt un émotif. Pour être bien auprès de lui, vous devrez tous deux apprivoiser les côtés moins clairs de vos personnalités respectives. Une fois cela fait, vous serez vraiment ensemble.

Lui et vous, femme Cancer

Quand on se ressemble beaucoup, c'est parfois sensationnel, parfois lourd. Ce couple est risqué, à moins peut-être que vous ne trouviez en vous-même des ressources autres que celles du Cancer. Êtes-vous un peu Lion, un peu Vierge? Sentez-vous le désir et la capacité d'être une femme forte? Si oui, allez-y. Il supporterait difficilement une femme qui ne le soutient pas. Il n'est pas faible, au contraire, mais il aime la vie à deux et il doit sentir que vous fondez une véritable association. Une chose est sûre: si votre couple fonctionne et si vous avez des enfants ensemble, ils seront soutenus contre vents et marées.

Lui et vous, femme Lion

Si vous souhaitez vivre longtemps auprès de lui, sachez tout de suite que ses besoins doivent passer avant les vôtres! Pas très moderne, comme perspective, mais pourtant vrai. Ce qu'il aimera de vous? Votre chaleur, votre générosité, votre soutien. En fait, au bout d'un certain temps, il ne pourra plus s'en passer. Et surtout, quand vous penserez à vous avant de penser à lui, ne le lui faites pas voir.

Lui et vous, femme Vierge

Il n'aime pas qu'on le juge, qu'on le critique, qu'on lui fasse des remarques. En fait, il aime surtout les compliments, un peu comme tout le monde, mais encore plus! S'il sait que vous êtes vraiment de son côté, vous avez déjà fait un grand pas. Soutenez-le dans ses rêves et dans ses entreprises, et vous ferez longue route ensemble. S'il est sûr de pouvoir vous faire confiance, il sera d'une fidélité à toute épreuve.

Lui et vous, femme Balance

Si vous êtes des signes plutôt purs, le bonheur de votre couple pourrait reposer sur une vie sociale active. Si vous êtes tous deux passionnés par vos activités respectives et si vous vous contentez de vous retrouver tard le soir ou certains jours de la fin de semaine, vous brillerez ensemble. Vous serez le genre de couple qui attire les regards. Mais on pourrait se demander ce qui vous rattache l'un à l'autre : vos caractères sont si opposés qu'on pourrait vous croire totalement différents l'un de l'autre! Il aimera quand même beaucoup votre capacité de décrire la réalité et se fiera à votre jugement sur les situations. Trouvez ce qui vous unit et vous pourrez peut-être bâtir quelque chose de durable.

Lui et vous, femme Scorpion

Votre forte personnalité, vos convictions, votre capacité d'action l'impressionnent. Vous vous affirmez et il aime cela. Les problèmes pourraient apparaître si vous laissez votre côté soupçonneux prendre le dessus. Si une situation ne fait pas votre affaire, attendez qu'il s'explique avant de vous fâcher; vous irez alors dans la bonne direction. N'exercez pas votre pouvoir sur lui mais *avec* lui. Attention, vous pourriez le peiner par des remarques tranchantes sans même vous en rendre compte; méfiez-vous un peu de votre franc-parler. Douceur, douceur... C'est ce qu'il aime.

Lui et vous, femme Sagittaire

Si vous venez de rencontrer un natif du Cancer, prenez tout de suite la résolution de ne pas l'inquiéter par des comportements risqués. Il pratique peut-être un sport extrême, mais dans la vie de couple, au contraire, il aime se sentir protégé. Cet homme aime être en sécurité; il aime savoir que sa compagne est loyale et stable. Ce qui l'impressionne chez vous? Votre capacité à vous enthousiasmer, votre optimisme, vos nombreux projets, votre entrain, votre esprit sportif. Donc, ne vous empêchez pas d'aimer votre travail et vos activités; il n'en sera que plus admiratif. Et si vous deviez vous associer dans un même projet, ce serait pour le mieux.

Lui et vous, femme Capricorne

Cet homme a un besoin viscéral d'affection (c'est le cas de tout le monde, direz-vous, mais chez lui c'est encore plus prononcé), et vous oubliez parfois de démontrer tout l'amour qui est en vous! Si vous venez de rencontrer un Cancer, prenez tout de suite la décision de vous extérioriser, de montrer votre affection et de le toucher... davantage. Dites adieu à votre réserve naturelle et il sera plus heureux. Au-delà de tout, il aimera votre droiture. Il se sentira vraiment en sécurité. Un bon couple pour le long terme.

Lui et vous, femme Verseau

Autonome, vous l'êtes certainement, et il aime bien ça. Ce qu'il apprécie peut-être moins, c'est que vous soyez franchement capable de tout faire sans lui. L'homme natif du Cancer éprouve le besoin de se sentir utile. Il a un côté maternel et il est vraiment heureux quand il sent qu'on a besoin de lui. Le problème qui pourrait surgir, c'est que vous n'ayez pas vraiment ce besoin de vous faire choyer et d'être soutenue. La force de votre union? Ensemble, vous prendrez un peu plus conscience des personnes que vous êtes vraiment l'un et l'autre. Vous vous connaîtrez mieux grâce à lui, et il se connaîtra mieux grâce à vous.

Lui et vous, femme Poissons

Ne fuyez pas, n'imaginez pas des choses, ne vous racontez pas d'histoires saugrenues, bref, gardez un tout petit peu les pieds sur terre si vous venez de rencontrer un natif du Cancer. Votre couple a un grand potentiel de réussite. Vous pourrez certainement être heureux ensemble, mais cet homme aime bien avoir l'heure juste, et il vous arrive de ne pas l'avoir! Votre force avec lui repose sur la confiance naturelle qu'il a en vous. Il vous croit, il vous parle avec facilité, se confie à vous. Écoutez-le. Il aimera.

Êtes-vous faits l'un pour l'autre?

Non, si:

- vous avez une personnalité hors normes. Le seul excès qu'il supporte (et aime d'ailleurs) est celui d'une personnalité très maternelle.

- vous aimez au-delà de tout sortir des sentiers battus.

- vous n'apportez pas un fort soutien à votre homme.

- vous êtes rationnelle, cérébrale et très sûre de vous.

- vous ne supportez pas les gens qui fondent leurs jugements et leurs décisions sur leur intuition.

- vous êtes d'un naturel soupçonneux ou dramatique.

Oui, si :

- vous inspirez un sentiment de stabilité, de confiance et de loyauté.

- vous êtes maternelle et aimez bien être maternée. Il est à la fois enfant et parent.

- vous n'êtes ni trop indépendante ni trop dépendante. Il aime le juste milieu.

- vous avez envie de l'encourager à poursuivre une belle carrière.

- vous n'êtes pas du genre à vous laisser troubler par des changements d'humeur soudains.

- vous aimez la décoration, la cuisine... et tout ce qui se fait à la maison. Il est profondément attaché à son lieu de vie et assez casanier, avouons-le.

- vous êtes passionnée par les arts.

L'homme Lion

Né entre le 23 juillet et le 22 août

Une personnalité fière et loyale

L'homme né sous le signe du Lion est naturellement fier et il a une présence forte. En tant que roi des animaux (c'est une chose à ne pas oublier une fois que vous l'aurez rencontré), il a une autorité naturelle que l'on doit respecter et même approuver si on compte rester à ses côtés. Le Lion est assez conscient de ce qu'il est; il n'a pas de complexe d'infériorité et, s'il lui faut choisir, il sera plus prétentieux que timide. Il adore la beauté, le luxe et tout ce qui impressionne les autres. Il s'attache aux apparences. Il ne cherche pas la vérité en toute chose, car il sait (pressent ou croit savoir) qu'il vaut mieux se contenter de ce que l'on voit et ne pas chercher anguille sous roche! Le Lion est un homme toujours courageux, qui ne sait même pas ce que la lâcheté pourrait représenter. Dans l'adversité, devant un obstacle, il s'arrête, réfléchit, s'organise et trouve un moyen de vaincre. C'est aussi un être protecteur. S'il vous choisit (eh oui, cet homme vous choisit, ce n'est pas vous qui le choisissez), s'il vous choisit, donc, il vous protégera tant que vous serez sa femme... et même après si la vie venait à vous séparer. Il a un esprit de famille fort; ses enfants, il les aime comme la prunelle de ses yeux et les soutient très bien. Le problème avec un Lion survient lorsqu'il ne vous aime pas: là, il peut être franchement dur. Il peut aussi, par inadvertance ou par manque de sensibilité, blesser les gens plus sensibles que lui. Vous êtes tendre et sensible? Soyez vigilante: cet homme n'est pas toujours conscient de sa force. Dans les faits, il vaut mieux que sa compagne soit elle aussi d'un caractère assez fort. C'est un guerrier; s'il a une cause à défendre, vous pouvez être sûr qu'il la gagnera.

Le Lion est un être très organisé. S'il veut quelque chose, il fera en sorte de l'obtenir et ce ne sera pas par des vœux pieux. Il peut souvent faire appel à des gens influents car il en connaît beaucoup et a toujours lui-même beaucoup d'influence dans son milieu. Il domine naturellement, un peu comme s'il ne l'avait pas même voulu. Cela dit, il n'est pas égoïste ou méchant; il veut le bonheur de ceux qui l'entourent. Quand il est méchant, ce n'est pas volontaire. Il est aussi passionné et, malgré tout ce que je viens de vous dire, il a un côté rêveur et secret. Si un Lion souffre, vous le sentirez mais il ne vous le dira pas. Il n'est pas grincheux et tâchera de s'en sortir tout seul. Lorsqu'il a une ambition, un objectif, il peut aussi bien se taire et travailler à sa réussite dans le plus grand secret. C'est un homme qui doit absolument se réaliser pour être heureux.

Il est très énergique et vous n'aurez jamais l'impression d'avoir à le soutenir. Vous devrez tout de même comprendre rapidement (même avant de bien le connaître) qu'il aime être flatté et admiré. Il a un gros ego, dit-on parfois, et c'est vrai! Au fond, il ne souhaite qu'une chose, évoluer, mais pour cela il a besoin de se sentir aimé. Il doute assez peu de lui, et si vous avez l'impression qu'il est faible, détrompez-vous au plus vite.

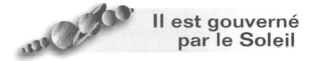

Il est gouverné par le Soleil

Tout cela en fait un être très chaleureux. S'il vous aime, il voudra absolument vous protéger. De votre côté, si vous aimez un Lion, vous devez prendre conscience d'une chose importante : le Soleil entraîne les autres planètes à sa suite et elles tournent autour de lui. Un tel homme vous fera ressentir (pas parce qu'il le veut, mais parce que c'est ainsi) que vous tournez autour de lui. Bien sûr, cela ne l'empêchera pas de vous aimer, mais il restera le pôle d'attraction. À vous de voir si vous aimez cela. Le Soleil, le roi des animaux... Qu'est-ce que cela donne parfois? Un Lion qui va son chemin sans tenir compte de l'avis des autres. Il est courageux et il peut même devenir téméraire. Dans ces moments-là, il faudra être là pour le réconforter.

Le Lion est très sensible aux compliments. Vous vous souvenez de cette fable de La Fontaine qui dit « Que votre ramage se rapporte à votre plumage... et le corbeau de laisser tomber son fromage » ? Eh bien, votre Lion, un jour ou l'autre, pourrait bien en faire autant. Si vous l'aimez, il faudra lui rappeler sa faiblesse de temps en temps afin qu'il s'en préserve. Évidemment, vous ferez cela avec douceur et délicatesse!

Le Lion, avant de donner sa confiance à quelqu'un, observe et juge. Si vous n'avez pas une réputation irréprochable, il y a peu de chances que vous puissiez vous unir à lui durablement. Il a un côté coq. Mais il est aussi très passionné et plusieurs natifs du Lion prennent un temps fou avant de trouver celle avec qui ils pourront construire.

Sur le plan physique, le Lion a fière allure. Sa démarche le distingue des autres. Il a la tête bien droite et n'a pas les épaules voûtées à moins de traverser une période difficile. Il a souvent un teint clair ou lumineux; il peut rougir mais il n'est pas timide. Il s'habille toujours avec goût.

Ses idées, ses valeurs

Le Lion, malgré sa fierté et même, à l'occasion, ses prétentions, est un être profondément loyal et généreux. Il peut blesser par inconscience, mais au fond il ne souhaite jamais cela, ou du moins rarement. C'est un être qui a du cœur, qui a de la compassion; il se sent vraiment mal devant la souffrance d'autrui. Il inspire confiance et, en ce sens, il a souvent un rôle de guide. Il ne remplira pas nécessairement ce rôle de manière officielle, mais, si vous observez votre Lion, vous verrez qu'il a de l'influence sur les autres et qu'il rend service mine de rien. Il a aussi un grand sens des responsabilités et ne laissera pas tomber sa famille à moins d'être vraiment affligé (dépression, manque absolu de moyens). On peut se fier à lui. Il ne rejette pas son passé et, s'il a aimé quelqu'un, il en restera à jamais quelque chose. Il continuera d'assumer certaines responsabilités tant que ce sera nécessaire.

Quelques types

Premier décan

Né entre le 23 et le 2 août, le Lion a souvent un côté très tendre. Vous aurez envie de le bercer et sachez qu'il vous bercera aussi. C'est un homme qui ne se fie pas beaucoup aux apparences. En tout cas, il ne fonde pas ses décisions sur elles. Il a aussi un côté paresseux, ou plutôt, peut sembler paresseux : d'un signe de plein été, il sait que tout vient à point à qui sait attendre et qu'en attendant... tout est bien agréable.

Deuxième décan

Né entre le 3 et le 10 août, le Lion peut aimer beaucoup briller et paraître. Il peut se laisser berner par ce qui semble bien, noble, beau, riche... Il est aussi très organisé, il sait où il va, il hésite peu. S'il est troublé ou souffrant, il le dira très rarement. Il oublie parfois de se confier, car il a une certaine méfiance envers les autres. Dans l'intimité, il est très différent de ce qu'il semble être au premier abord.

Troisième décan

Né entre le 11 et le 22 août, le Lion a souvent un agenda caché, un calepin dans lequel il note tout. Il est pointilleux, mais cela ne paraît pas dans un premier temps. Il est aussi rationnel, presque trop. Il ne se laisse mener par personne ; sa vie, il la dirige, mais d'une manière si habile que vous ne vous en rendrez pas compte, à moins de bien le connaître. Il aime beaucoup la stabilité et même s'il doit la chercher longtemps, il la trouve.

Et les autres

On rencontre également des natifs du Lion qui ne res-semblent pas à l'idée générale qu'on s'en fait. Il y a le Lion doux (qui ressemble au Cancer), qui ne semble pas vou-loir briller et ne veut qu'aimer et servir. Ne vous y trompez pas : il reste fier ! Certains natifs du Lion sont solitaires et restent célibataires longtemps. Si vous rencontrez un de ceux-là, vous pouvez parier qu'il a eu une grosse peine... Il faudra simplement lui faire comprendre (si vous êtes brave) qu'il n'est pas le seul.

On a les qualités de ses défauts !

Il est loyal, bon, tendre, fier et fort. Il a l'esprit chevaleresque, il est protecteur, affectueux, sentimental. Il vit des passions fortes et instantanées. Il ne calcule pas. Il fait beaucoup de compliments. Il est irrésistible. Il est de type fidèle (une fois bien engagé, pas avant), il a un beau style, il est gentil. Il est socialement actif, il est contemplatif à ses heures (c'est comme ça qu'il retrouve son calme). Il est tenace et sait ce qu'il veut. Il a de belles manières. Il est souvent sportif.

Il adore briller et il a besoin d'une audience. Il est sensible à la flatterie, aussi basse soit-elle. Il est vaniteux, arrogant et prétentieux (souvent !). Il peut être paresseux. En raison de sa force naturelle, il n'est pas toujours sensible aux autres. Il est fier comme un paon.

Premier regard, premières rencontres

Si vous lui plaisez, il vous le fera sentir très rapidement. Il ne s'en cachera pas. Le Lion aime les femmes bcbg ou très conservatrices. Si vous aimez remettre en question l'ordre établi, il n'est pas pour vous.

Le Lion plaît à beaucoup de femmes, ce dont il n'est pas toujours conscient. S'il vous attire, il vous faudra d'abord attirer son attention. Choisissez vos moyens : soyez impeccable côté allure et habillement, tenez-vous bien droite mais pas raide, soyez assez réservée et ne soyez pas trop sociable (il s'inquiétera si vous connaissez trop de monde). Mesurez chacune de vos paroles et, surtout, faites en sorte que tout le monde n'ait d'yeux que pour vous. Il vous a remarquée ? Il est temps de montrer que vous avez une certaine originalité, que vous êtes extraordinaire. Et alors, si vous l'êtes, il le saura tout de suite.

Le Lion qui aime est d'une grande générosité de cœur. Il vous gâtera et fera tout pour vous rendre heureuse, mais il faut, pour cela, que vous ayez les qualités qu'il recherche. Vous ne pouvez pas jouer la comédie, car il est certainement bien meilleur comédien que vous. Une fois que vous saurez qu'il est amoureux de vous (si vous lui plaisez seulement, ça ne veut pas dire grand-chose), une fois les déclarations faites, laissez-le diriger la danse. Il est doué pour cela. Et, tout en restant remarquable, ne soyez plus le point de mire de toutes les assistances ; laissez-le passer devant vous.

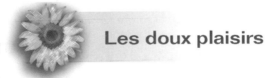

Les doux plaisirs

Le Lion domine, décide, mène le bal, mais vous aimerez cela, car il le fait bien et n'oublie jamais de faire plaisir à sa

partenaire. Il a une sexualité chaleureuse et forte, généralement du genre traditionnel. Ses passions sont intenses.
Il est homme à rendre sa femme heureuse de ce point de
vue. Il deviendra vite très malheureux avec une femme
froide, car même s'il a besoin de se conforter par le sexe
dans son rôle d'homme, il a encore plus besoin de sentir
qu'il y a un partage profond sur ce plan. C'est un bon partenaire.

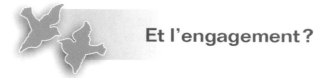

Et l'engagement?

Avec un natif du Lion, tout, ou à peu près, est une question de *timing*. Quand il considère que le temps est venu
de se ranger et d'avoir des enfants, il regarde autour de
lui, observe, voit une femme qui lui plaît et qui lui semble
bien (très bien), et va vers elle. Il peut se casser la margou-
lette à quelques reprises, mais il finira par trouver. Si vous
êtes l'élue du cœur d'un Lion, c'est probablement qu'*il*
vous a rencontrée. Si vous êtes amoureuse d'un Lion, vous
verrez très vite si ses sentiments sont réciproques par son
engagement, car il n'est pas du genre à hésiter.

Il saura tout de suite s'il aimerait aller loin à vos côtés.
S'il ne souhaite vous voir qu'une fois de temps en temps,
s'il ne vous invite pas régulièrement et assez souvent, s'il a
parfois l'air lointain, de grâce, ne perdez pas votre temps!
S'il vous aime, soyez sûre qu'il vous demandera clairement,
franchement et avec panache si vous souhaitez être sa compagne.

Ensemble tous les jours

Avec un Lion, apprenez à discuter tout de suite de ce qui va moins bien, de ce qui pose problème. Surtout, parlez clairement et dites ce que vous avez sur le cœur au lieu d'accumuler les problèmes dans votre tête pour tout lui déballer au bout de quelques mois. Veillez, dans votre cœur et dans votre corps, à ne pas vous éloigner de votre homme, ne serait-ce qu'une journée. Il est très important que votre communication reste fluide et ouverte.

Autre chose : cet homme a un gros ego. Espérons que ce n'est pas votre cas aussi, et si oui, espérons que vous êtes si follement amoureuse que votre ego s'est transformé en ange descendu du ciel. Si vous commencez le jeu de : je-suis-meilleure-que-toi ou tu-ne-fais-pas-les-choses-aussi-bien-que-moi... votre couple ira à vau-l'eau.

Cela dit, votre homme a un caractère enthousiaste et joyeux et vous vivrez avec lui des jours heureux si vous êtes faits pour être ensemble. Il devient de plus en plus tendre et perd un peu de son panache avec le temps. Évidemment, s'il reste votre grand prince, ce sera mieux pour vous deux.

Êtes-vous « compatibles » ?

Lui et vous, femme Bélier

Vous avez certainement tous les deux du caractère. Le risque est que vous soyez encline à le dominer sans même le vouloir. Si vous comprenez, dès votre première rencontre, qu'il peut faire équipe avec une femme décidée, mais pas être mené par elle, vous serez déjà sur la bonne voie. Montrez-lui votre amour, votre passion, et ne vous économisez pas. Jouez franc jeu sur le plan des sentiments ; il aime être aimé et ne s'en cache pas. Soyez vous-même, simplement, et il deviendra accro à votre générosité sentimentale.

Lui et vous, femme Taureau

Le natif du Lion peut sembler exigeant car il a des désirs et des goûts précis. Mais dans les faits, c'est un homme souvent raisonnable qui, une fois satisfait (quand il a trouvé une compagne stable), n'en demande pas trop. Parce que ses objectifs sont clairs, vous pourriez vous imaginer facilement (pas seulement vous, d'ailleurs) qu'il est trop exigeant. Et dans ce cas, vous vous empresserez de vous rebeller à la moindre occasion. Or, il aime faire équipe, il a besoin de sentir que vous marchez ensemble. Donc, du calme. Voyez les faits posément et tout ira bien. Vous êtes une tendre, une chaleureuse, et c'est ce qu'il adorera de vous. Pas de réserve : soyez tendre, chaleureuse, et exprimez physiquement vos sentiments, car il croit davantage aux actes qu'aux paroles.

Lui et vous, femme Gémeaux

Si vous fréquentez un natif du Lion, oubliez qu'il existe sur terre d'autres hommes... et tout ira bien. Vous appréciez la gent masculine, vous aimez plaire et vous jouez le jeu des regards avec grand plaisir ? Surtout, ne devenez pas la partenaire d'un Lion, il s'en rendrait compte très vite et il en prendrait ombrage. Il ne dirait peut-être rien mais se vengerait à la première occasion. Quelle est la première règle pour vivre longtemps avec lui ? Que votre regard ait une seule direction, lui, avec la tête un peu penchée vers l'arrière comme pour marquer votre admiration. Vous aimerez beaucoup discuter ensemble et, par des chemins différents, vous découvrirez souvent les mêmes choses. Vous aurez une bonne entente.

Lui et vous, *femme Cancer*

Si vous êtes une typique native du Cancer, vous avez de temps en temps une boule dans la gorge : les blues de l'hiver, du printemps... une certaine tristesse à vivre. Et lui, natif du Lion, se trouve démuni devant de tels sentiments. Il ne manque pas d'équilibre et sait bien que tout le monde a ses hauts et ses bas, mais la tristesse ou la déprime sont des sentiments qui l'envahissent rapidement et avec lesquels il ne sait pas trop quoi faire. Cela dit, il aimera être votre prince, votre héros. Plus vous le mettrez sur un piédestal (pour de vrai, sans jouer), plus il sera heureux. Donc, ne cachez pas vos sentiments.

Lui et vous, *femme Lion*

Vos forces et vos faiblesses se ressemblent certainement, tout comme vos goûts, et vous vous entendrez sur plusieurs plans. Le hic ? Si vous êtes du type lionne dominatrice, dites adieu à cette caractéristique quand vous êtes en sa compagnie. Personne n'aime être dominé, et lui encore moins qu'un autre. Il ne le supporte pas, car cela l'affaiblit considérablement. Pensez que vous formez une équipe, discutez, faites vos choix ensemble et vous prendrez ainsi le bon chemin. Il sera par ailleurs émerveillé par vos dons d'hôtesse et votre sociabilité naturelle. À deux, vous saurez créer une ambiance parfaite.

Lui et vous, femme Vierge

Le natif du Lion aime avoir l'heure juste, mais pas brusquement et pas de façon incisive. Si vous lui dites : « Qu'est-ce que ta coupe de cheveux est ratée ! », il en sera blessé. Attendez simplement qu'il soit temps de les couper à nouveau, et suggérez-lui un autre coiffeur ! Voilà pour l'exemple. C'est que vous êtes fine critique, ce qu'il peut apprécier avec le temps, mais ce qui peut poser problème s'il se sent amoindri par vos remarques. Cependant, vous voyez loin et clair, ce qu'il appréciera grandement si vous prenez des gants blancs pour lui dire ce que vous pensez. Votre soutien lui sera précieux et vous pourrez aller loin... main dans la main.

Lui et vous, femme Balance

Votre côté aérien est présent dans vos attachements et vous ne voulez pas être lourde, ni pour l'être cher ni pour qui que ce soit. C'est peut-être ce qui pourrait nuire à votre couple avec un natif du Lion : il ne se sentira pas tout à fait incarné en votre compagnie, il ne saura pas où vous en êtes. « Que veux-tu exactement ? » aura-t-il envie de dire. « Je ne sais pas exactement », pourriez-vous répondre. Si vous n'êtes pas tout à fait sûre que vous voulez être avec lui, il le sentira tout de suite. Il ne pleurera pas (du moins, pas devant vous) et s'en ira. Vous l'aimez vraiment ? Faites-vous jolie (prenez du temps pour cela, il voit très clair) et dites-le-lui, montrez-le-lui... Soyez vous-même au maximum.

Lui et vous, femme Scorpion

Le natif du Lion peut être fasciné par une native du Scorpion. Ce n'est ni rare ni exceptionnel. Il sera béat devant la force de votre amour, devant votre passion. Il tournera autour de vous et vous aurez l'impression qu'il a perdu de sa force. Il n'en est rien : le Lion ne perd pas sa puissance, même quand il aime. Respectez son amour même si parfois (au début surtout) vous ne comprenez pas trop pourquoi il vous regarde de cette manière intense. Vous pouvez être cassante ; veillez à ne pas l'être avec lui, car ça le blesserait assez profondément pour que son amour s'en trouve amoindri. Il adore votre capacité de régénérescence ; des cendres, vous faites renaître l'amour. N'essayez jamais de le manipuler.

Lui et vous, femme Sagittaire

Le natif du Lion aime ce qui paraît bien ! Il a un côté bon chic bon genre. Et vous, de votre côté, vous êtes parfois bien sportive. Il est possible que sur ce tout petit terrain de l'apparence, votre union soit impossible à long terme. Il aime vraiment ce qui est chic, et les femmes Sagittaire, en général, préfèrent le style décontracté. Cela peut sembler anodin, mais pour le Lion l'apparence n'a rien d'anodin ! Ce qu'il aime vraiment de vous ? Votre joie de vivre, votre enthousiasme. Si vous êtes dans une période constructive et joyeuse de votre vie, il sera ravi de la vivre en votre compagnie.

Lui et vous, femme Capricorne

Vous êtes en mesure d'aider un natif du Lion à atteindre ses objectifs. Vous pouvez vraiment l'aider, tandis que, de son côté, il vous apprendra à lâcher prise, à ne rien faire de temps en temps, à prendre la vie comme elle vient. Départissez-vous de votre froideur apparente, il en sera content. Devant la froideur, l'homme Lion perd ses moyens ; il est inquiet et démuni. Montrez-lui ce que vous ressentez intérieurement, montrez-lui vos points sensibles, il ne jouera pas contre vous. Il sera capable de beaucoup pour vous.

Lui et vous, femme Verseau

Votre indépendance naturelle pourrait vous jouer de mauvais tours avec un natif du Lion. Il pourrait croire que vous ne l'aimez pas alors qu'en réalité vous n'aimez que lui. Si ce n'est pas déjà fait, découvrez en vous-même vos points sensibles, votre insécurité, ce qui fait que vous avez besoin de lui. Vous vous entendrez bien sur plusieurs plans, car vous avez naturellement des goûts communs. Cette union pourrait être très bonne si vous prenez simplement l'habitude de ne pas agir trop indépendamment de lui. Sur le plan de l'autonomie, visez l'équilibre.

Lui et vous, femme Poissons

Votre côté créateur, votre imagination, votre goût des profondeurs... lui redonneront vie. Vous pourrez bien vous entendre avec lui si vous êtes très amoureuse, si vous ne voyez que lui. Autrement, il sentira que vous n'êtes pas tout à fait présente et sera mal à l'aise. Ne papillonnez plus si vous venez de rencontrer un Lion. Intéressez-vous à lui mais aussi à vos activités. Poursuivez vos buts avec assiduité et vous pourrez être bien en sa compagnie. Vous vous apporterez l'un l'autre un solide soutien.

Êtes-vous faits l'un pour l'autre?

Non, si:

- vous n'êtes pas capable de faire taire votre jalousie.
- vous lui faites de l'ombre par votre trop forte personnalité.

- votre réputation est douteuse.
- vous n'accordez pas vraiment d'importance aux apparences.
- vous n'êtes pas profondément loyale.
- vous êtes d'un naturel critique et parfois tentée de rabaisser vos proches (toujours vilain, mais carrément destructeur avec un Lion).
- vous ne désirez pas mettre sur un piédestal l'homme que vous aimez.
- vous êtes très désorganisée et si vos affaires sont souvent en désordre.
- vous vivez souvent des moments de tristesse ou de déprime.

Oui, si :

- vous attirez l'attention partout où vous passez, sans toutefois lui voler la vedette.
- vous aimez bien paraître, êtes fière et d'un naturel très élégant.
- vous avez accompli des choses (idéalement avant de le rencontrer) qui l'impressionnent.
- vous l'admirez profondément et vous êtes capable de le lui dire et de le lui montrer de mille façons.
- vous venez d'un milieu huppé ou, mieux, si vous êtes entrée dans un tel milieu grâce à votre belle personnalité.
- vous désirez plus que tout lui plaire et l'aimer.
- vous êtes une artiste dans l'âme. Il aime les arts et apprécie qu'on ait les mêmes goûts que lui.

L'homme Vierge

Né entre le 23 août et le 22 septembre

Un être stable et fort sur l'analyse

Le natif de la Vierge est très actif psychiquement, il réfléchit beaucoup. Il a aussi un côté pur et profondément stable : il adopte ses valeurs de vie assez jeune et les garde tout au long de son existence. Il aime réaliser des projets et ses rêves se transforment en objectifs. Il prépare le terrain psychiquement, puis agit. Il réussit souvent bien grâce à une discipline intérieure. Il recherche la perfection dans les détails. Il est attentif à tout.

C'est un homme qui naît à la fin de l'été ; l'automne viendra bientôt, ce qui fait qu'il est plus cérébral que physique, plus sensé que sensuel, plus rationnel que rêveur. Il observe le monde et l'analyse; il se passionne peu. Il a besoin d'une certaine sécurité et recherche chez la femme qu'il aime un sentiment de durée et de stabilité. Il ne se liera pas à une femme qui n'a pas de fortes qualités terriennes ou qui ne recherche pas elle-même la stabilité. Prévoyant, il est aussi très bon organisateur: ses méthodes sont souvent d'une rare efficacité. Il aime bien vivre dans un univers où tout est domestiqué et contrôlé. Il suit les normes et apprécie la présence de ceux qui sont comme lui. Il a un grand sens des réalités; il ne se leurre pas, il ne vit pas dans un monde imaginaire. De nature humble, il a parfois de la difficulté à se mettre en valeur. Il n'est pas vantard. Un peu comme si le signe qui le précède, le Lion, avait pris une trop forte dose de paraître et qu'il en restait bien peu au natif de la Vierge. À lui, il reste le travail bien fait, la rationalité, la poursuite inlassable des buts. Vous noterez d'ailleurs que, comme le dit l'adage, «petit train va loin».

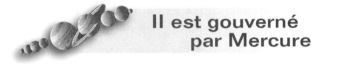

Il est gouverné par Mercure

Tout comme le natif des Gémeaux, celui de la Vierge est guidé par Mercure. Chez le Gémeaux, Mercure agit en tant que messager, en tant qu'intelligence communicatrice; chez la Vierge, cette planète affecte la clairvoyance et l'activité. Le natif est toujours un être travaillant et actif. Prendre des vacances lui plaît en théorie, mais dans les faits, il s'ennuie rapidement. Il aime aussi apprendre et ne se repose jamais sur ses lauriers à cet égard; même un natif de la Vierge retraité (et peut-être plus encore) continuera de s'intéresser à toutes sortes de questions et trouvera de nouveaux sujets d'intérêt. Il agit souvent comme intermédiaire car il a de la facilité à mettre les gens en contact les uns avec les autres; il sait d'emblée qui s'entendra avec qui. Il agit toujours dans son intérêt, le jour où vous le constaterez, vous vous demanderez peut-être s'il agit aussi dans le vôtre: ne vous inquiétez pas, il est capable de voir ce qui fait l'affaire de tous. Il pourrait avoir créé la nouvelle mode des négociations gagnant-gagnant. Le natif de la Vierge a une attitude profondément pratique: c'est avant tout quelqu'un qui aime réaliser des choses. Ayant un code moral assez strict et surtout très clair, il agit souvent un comme éveilleur de conscience auprès de ses proches.

Chez sa compagne, il recherche d'abord des qualités de loyauté. À partir de là, il peut s'adapter à toutes sortes de personnalités. Il est souvent stimulé par une femme différente de lui, par exemple plus rêveuse, passionnée ou irrationnelle que lui. C'est souvent par son union qu'il réussit à fuir la routine et l'ennui. Sa compagne sera donc idéalement imaginative et meneuse tout à la fois.

Il a un côté inhibé qu'il gardera probablement toujours: c'est son bouclier et il ne faut pas essayer de le lui enlever. C'est un homme pacifique et paisible, même si, intérieurement, il peut vivre des sentiments contradictoires. Il est mal, et même très mal, dans un environnement conflictuel. Il peut vivre avec une femme passionnée, mais il ne faudra surtout pas qu'elle ait un caractère sombre et guerrier. Il en serait profondément troublé et malheureux.

L'homme né sous le signe de la Vierge a souvent le sentiment d'être en train de perdre quelque chose, ce qui le rend un peu moins sûr de lui qu'il pourrait l'être. Il doit prendre conscience qu'il est né dans une saison où la nature n'est plus en effervescence et s'apprête à hiverner.

Sur le plan physique, le natif de la Vierge est du type moyen et équilibré. Il est toujours bien mis mais n'est pas extravagant. Il apprécie beaucoup la propreté et l'ordre. Il se tient droit, mais normalement, sans exagération. S'il prend du poids, il le perdra tôt ou tard, car c'est un être volontaire. Il apprécie un régime de vie assez frugal et n'est pas un grand amateur de luxe. Il peut être gourmand, voire gourmet, et adore la bonne cuisine.

Ses idées, ses valeurs

L'homme Vierge est considéré comme un être d'analyse et d'activité. C'est à partir de ces deux caractéristiques qu'il mène sa vie, tant sa carrière que sa vie amoureuse. Il ne se laisse pas entraîner dans des histoires abracadabrantes ou, à tout le moins, ce sera extrêmement rare. Cela lui fera de bons souvenirs pour sa vieillesse. Il sera heureux avec une femme au grand cœur, à la fois protectrice et imaginative. Cette dernière doit se demander : « Est-ce que je le complète ? Est-ce que sa manière d'être me complète ? Est-ce que ma nature joviale, enthousiaste ou entraînante le stimule ? Est-ce que j'aime une certaine tranquillité ? » Le natif de la Vierge souhaite une union qui lui apportera l'équilibre ; il cherche chez sa compagne ce qu'il considère lui manquer.

Quelques types

Premier décan

Né entre le 23 août et le 1er septembre, ce natif a quelque chose de solaire, d'estival. Il possède les qualités d'un natif de la Vierge avec un petit quelque chose en plus, qui vient toujours vous rappeler que les vacances vont venir bientôt. Il est plutôt jovial de nature et a l'esprit vif. Il est actif et travaillant et, s'il peut être un peu délinquant dans sa jeunesse, il se calme un jour ou l'autre et s'occupe de son nid familial avec le plus grand des plaisirs. Pour femmes souples, tout de même.

Deuxième décan

Né entre le 2 et le 11 septembre, ce natif peut être un peu pointilleux en ce qui concerne ses habitudes et n'aime pas qu'on les dérange. Il est ultra responsable, loyal, fiable. Mais une femme qui désire une vie plus palpitante que sécurisante pourra trouver que l'existence à ses côtés manque de piquant. Cependant, elle pourra être sûre qu'elle sera toujours protégée.

Troisième décan

Né entre le 12 et le 22 septembre, cet homme Vierge est vraiment charmant et gentil. Il est de compagnie très agréable pour les femmes. Il adore converser, tant au travail que dans sa vie intime. Il a peu de préjugés. Il a aussi une forte conscience morale; il a des principes et il y tient. C'est un homme fidèle. Bien sûr, il sera toujours heureux de plaire et d'être complimenté.

Et les autres

Il peut vous arriver de rencontrer un homme Vierge qui, au premier abord, ne ressemblera pas du tout à la description faite un peu plus haut. Il fume, il boit, il perd de l'argent, il dépend de ses amis, il semble toujours être en train d'essayer de sortir de l'eau, mais il y arrive difficilement. Cela peut provenir d'une enfance difficile, et dans ce cas son cheminement ne sera pas facile et il restera célibataire plus longtemps que les autres. Mais si vous y regardez de plus près, son code moral et même toute sa personnalité, à mesure qu'il vieillira, seront plus en accord avec notre typique Vierge. Un homme que l'on doit aimer comme il est.

On a les qualités de ses défauts !

Le natif de la Vierge est stable, responsable, réfléchi et gentil. Il a l'esprit pratique et atteint ses objectifs par un travail patient. Il n'agit qu'après avoir réfléchi. Il est dévoué, discipliné, travaillant. Il est capable d'écoute. Il est clairvoyant et voit très bien les forces et les faiblesses de chacun. Il est modeste et peu sensible aux compliments ; ceux-ci peuvent lui faire plaisir, mais il n'en sera pas dupe s'ils ne sont pas sincères. En amour, il préfère la qualité à la quantité ; autrement dit, il ne collectionne pas les conquêtes. Il fait preuve de subtilité dans le jeu de la séduction.

Il a l'esprit routinier, il est peu passionné. Il est peu porté à embellir la réalité et il est parfois pessimiste. Il n'a pas d'idées grandioses, il est trop réaliste pour cela. Il est parfois trop modeste. Il peut rester marqué très longtemps par d'anciennes blessures. Il peut vivre des amours platoniques, ce qui peut se révéler un défaut, si vous l'aimez. Il est assez réservé de nature, ce qui rend parfois la communication difficile. Il a l'esprit très critique et peut vous observer longtemps avant de tirer des conclusions à votre sujet ; le moindre faux pas peut vous coûter cher. Il est difficile à émouvoir.

Premier regard, premières rencontres

Si vous êtes tombée amoureuse de lui au premier regard, contrôlez vos émotions tout en lui faisant sentir clairement qu'il vous plaît beaucoup. Le natif de la Vierge est de nature assez humble; il ne se prend pas pour un autre et déteste s'imaginer des choses qui ne sont pas vraies. Autrement dit, il ne prendra pas la chance d'aller vers vous s'il y a la moindre chance que vous le rejetiez. Soyez claire, d'accord, mais soyez tout de même réservée, bien mise, agréable, de bonne compagnie; ne soyez ni flamboyante ni excentrique. Avec lui, tout se fait en son temps.

Vous sortez une première fois ensemble? Sachez qu'il est un peu dédaigneux et qu'il a l'esprit critique. Si vous êtes trop ouverte, si vous lui racontez des choses trop intimes, il pourrait reculer.

Le natif de la Vierge est généralement assez réservé. Donc, pour un premier rendez-vous amoureux, essayez d'être vraiment seuls, chez lui ou chez vous; ainsi, dans l'intimité, il lui sera plus facile d'être lui-même. Avant de vous lancer corps et âme dans ses bras et de vraiment l'aimer, observez tout de même son degré de générosité; il est économe de nature et, s'il est généreux, vous saurez qu'il vous aime.

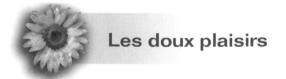

Les doux plaisirs

L'homme Vierge voudra vous rendre heureuse du point de vue sexuel et il s'inquiétera beaucoup s'il n'est pas sûr que tout va bien sur ce plan. Il aime la routine et il est perfectionniste : ce qu'il fait, il le fait bien. Il s'applique et cherche toujours à s'améliorer. On pourrait dire qu'il a le sens du devoir dans sa manière de faire l'amour et dans le rythme de sa sexualité. D'ailleurs, on parle souvent, aujourd'hui, des bienfaits pour le couple de la sexualité du genre « brosse à dents » (tous les soirs, régulièrement, sans grandes surprises, avec application) et bien des gens restent longtemps en contact profond grâce à cette manière d'aimer... quotidiennement. Cela dit, la sexualité n'est pas au centre de sa vie et il peut être heureux de toutes sortes de manières. Il est très visuel, et n'oubliez pas qu'il y a des moyens simples de raviver la flamme si vous constatez qu'elle est en train de s'éteindre. Entrez au club vidéo, si vous sentez que votre bonheur pourrait en dépendre.

Et l'engagement ?

Le natif de la Vierge est un homme stable et plutôt lent à s'engager. Il vous a rencontrée, vous vous fréquentez, il trouve cela très bien. Intérieurement, il réfléchit et se demande si vous êtes la femme avec qui il souhaite passer plusieurs années ; il se questionne, il analyse, il pèse le pour et le contre... De votre côté, selon votre nature, soit vous bouillez intérieurement, soit vous êtes très bien comme ça, soit vous vous demandez : « Qu'en est-il au juste de nous deux ? » Voyez la chose concrètement et calmement. Nul besoin de faire un drame, une mise en scène, de vous inquiéter. Vous pourrez aborder la question de votre union dans une perspective à long terme, presque froidement. Disons, logiquement.

Le natif de la Vierge a un côté un peu ratoureux, on a parfois l'impression qu'il cherche la faille, qu'il l'attend. Il vaut mieux ne pas donner prise à cela; autrement dit, il vaut mieux rester calme même lorsqu'on aurait quelques raisons de se fâcher. Une fois engagé, vous n'aurez plus à douter de rien; il sera là, à vos côtés, c'est sûr.

Ensemble tous les jours

Le natif de la Vierge est fait pour vivre au jour le jour avec sa partenaire. C'est un homme du quotidien, qui aime la vie calme et stable et ne s'ennuiera jamais avec vous. Bien sûr, il a l'esprit critique très développé et il a tendance à s'attarder à des détails, ce qui pourra vous agacer parfois. Il aime bien aussi donner des conseils. Mais tout de même, voyez les choses en face, il est là, présent et aimant, et ses actes suivent ses paroles. C'est déjà beaucoup.

Il serait malheureux avec une femme très excentrique ou de caractère extrême. Si vous êtes loyale, tout en étant imaginative, ce sera l'idéal. Faites en sorte de pimenter votre vie à deux: vous serez la directrice et l'organisatrice des projets... de vacances et des fêtes!

Êtes-vous « compatibles »?

Lui et vous, femme Bélier

C'est un homme de tête et vous êtes une femme physique. À deux, vous referez l'équilibre; sinon, vous serez en compagnie de quelqu'un qui ne vous ressemble pas. Il réfléchit, vous agissez... Soit c'est stimulant, soit c'est paralysant.

Ce qui le fascine en vous, c'est votre capacité d'agir et de concrétiser vos désirs. Vous rêvez de ceci, de cela... et vous vous mettez en route pour réaliser vos rêves. Ça, ça l'impressionne vraiment beaucoup, et pour le mieux. Jouez ensemble. Mais laissez-le se reposer de temps en temps, car c'est un homme qui aime la tranquillité.

Lui et vous, femme Taureau

Très bon couple en perspective. La vie est un peu routinière, mais vous aimerez cela tous les deux. Une toute petite chose à surveiller? Vous êtes une bonne vivante et il est un petit peu austère. Si vous êtes très gourmande, il sera légèrement étonné. Vos qualités terre à terre et vos connaissances de la gestion lui donneront la certitude d'avoir trouvé la perle rare, celle avec qui il peut construire durablement. Attention tout de même: pimentez gentiment votre relation.

Lui et vous, femme Gémeaux

Si vous changez souvent d'idée, votre homme Vierge trouvera cela dur, dur. Il a besoin de stabilité, de solidité, de certitudes. Il se sent bien quand il sait où il va. Et vous, à côté, vous proposez ceci ou cela et vous changez d'avis à la dernière minute. Il aime la routine et la sécurité, vous aimez être surprise, étonnée, quitte parfois à vivre dans une relative insécurité. Il est sûr qu'il appréciera votre esprit, mais pour le reste, il vaudrait mieux comprendre rapidement son amour du quotidien.

Lui et vous, femme Cancer

Le natif de la Vierge est ordonné et généralement méticuleux. Il aime que l'on respecte son espace personnel. Il mène ses projets seul. L'appui de la femme qu'il aime lui est précieux, mais il ne faut pas qu'elle l'envahisse. Si vous êtes maternelle, bravo, mais ne le choyez pas trop. Il a son ordre, sa méthode, ses moyens... et il compte bien rester ainsi. Il sera heureux de sentir votre indéfectible soutien dans les moments de déprime et dans les moments d'intimité. Choyez-le, gâtez-le ; votre chaleur lui sera précieuse. Gardez simplement en tête que certaines limites ne doivent pas être franchies, comme celle de son territoire de travail, par exemple.

Lui et vous, femme Lion

Il y a des activités que vous ne partagerez pas, et c'est très bien ainsi. Voyez dès les premiers mois de votre union quels sont vos goûts respectifs et donnez-vous de l'air mutuellement. Ne vous attendez pas à ce qu'il aime tout ce que vous aimez. Bref, soyez respectueuse de ses goûts et tout ira bien. Votre enthousiasme naturel lui donnera un pep qu'il n'avait probablement pas avant votre rencontre. Les signes voisins (Lion et Vierge) ont souvent beaucoup plus en commun qu'il y paraît dans un premier temps.

Lui et vous, femme Vierge

Vous êtes tous deux du même type : nerveux, un brin tendus, cérébraux, calculateurs et souvent tatillons. Au début, vous vous impressionnerez l'un l'autre, vous vous direz : « Enfin, quelqu'un qui me ressemble ! » Puis, ces traits qui vous ressemblent tant vous tomberont un peu sur les nerfs. Faites du yoga ensemble, de la méditation, de longues promenades dans la nature, allez au cinéma. Vous avez les mêmes goûts, pas seulement les mêmes défauts, et ce sont ces goûts communs que vous aurez plaisir à partager.

Ensemble, vous atteindrez vos objectifs respectifs, car vos deux esprits lucides s'uniront!

Lui et vous, femme Balance

Si vous aimez beaucoup sortir, vous pourriez être un brin déçue par ce couple, car cet homme est du genre casanier. Il est rarement très sociable. Il est toujours poli et gentil, bien sûr, mais il n'est pas vraiment bien dans sa peau quand il sort beaucoup, et c'est plutôt un signe qu'il va plus ou moins bien. Un natif de la Vierge heureux est générale-ment casanier. Il s'enlise même parfois dans la routine. De son côté, une native de la Balance est le plus souvent sociable et encline à sortir beaucoup. Il faudra donc voir si vous vous entendez sur ce point. Autre chose : il aime les compliments et a besoin de sentir votre soutien, voire votre admiration. Faites-lui beaucoup de compliments, il appré-ciera.

Lui et vous, femme Scorpion

Il aime une relative discrétion. Or, vous êtes parfois théâ-trale. Si tous les deux, vous êtes conscients des personnes que vous êtes et de ce que vous pouvez accepter de l'autre, ces aspects contradictoires de vos personnalités pourront se renforcer mutuellement. Essayez tout de même de ne pas faire d'esclandre pour rien : il se sentirait démuni. Il adorera votre passion pour la vie et sera fortement stimulé si cette passion s'exprime avec style. Vous êtes du type responsable et vous êtes douée pour le long terme. Une fois qu'il est clair pour vous que vous aimez quelqu'un, vous ne partez plus à l'aventure, et c'est ce qui l'impres-sionnera vraiment!

Lui et vous, femme Sagittaire

Il aime la précision alors que vous appréciez souvent un certain flou artistique! Cela pourrait susciter quelques heurts, mais rien de grave. Si vous êtes vraiment amoureuse de lui, votre couple pourra durer. Cet homme vous apportera un sentiment de sécurité, de solidité, et vous lui apporterez de l'enthousiasme, une joie de vivre, du plaisir et un peu d'aventure. Vous vous entendrez surtout bien dans la nature. En ville, ce sera moins facile.

Lui et vous, femme Capricorne

Le natif de la Vierge a des objectifs qu'il compte atteindre, et vous aussi. Votre qualité la plus forte par rapport à cela: votre capacité de voir à long terme et de synthétiser. Tandis qu'il s'attache aux détails, vous voyez l'ensemble. C'est bon pour vous deux. Ensemble, vous atteindrez vos objectifs. Faites simplement attention de ne pas laisser votre sévérité naturelle prendre le dessus. Il a besoin de votre soutien, mais ce dernier ne doit pas être austère; au contraire, il doit l'aider à se délasser. Cultivez les petits plaisirs de la vie quotidienne.

Lui et vous, femme Verseau

Votre côté aérien pourrait le déstabiliser. Quand vous dites que vous allez faire une chose, faites-la; ne changez pas d'avis à la dernière minute. Vous n'aimez pas faire des plans à long terme? Sauvez-vous de cette union, car l'homme de la Vierge est là pour le long terme. Il faudra vous habituer à vivre la stabilité. Vous partagerez beaucoup d'idées, vous discuterez. Si vous avez les mêmes intérêts, le cinéma ou un sport en particulier, par exemple, misez sur ce terrain.

Lui et vous, femme Poissons

S'il sent qu'il peut être vraiment lui-même auprès de vous, vous serez déjà sur la bonne voie. Rassurez-le sur ce fait et insistez pour savoir qui il est vraiment, même si tout ne fait pas votre affaire. S'il se sent libre d'être lui-même, il restera, il aura l'impression de découvrir de nouvelles facettes de sa personnalité. Cela dit, de votre côté, vous êtes souvent plus imaginative que cartésienne, plus émotive que rationnelle... et cela pourrait le troubler. Essayez de rendre votre discours un peu logique ; ce sera un bon point si vous voulez une relation à long terme.

Êtes-vous faits l'un pour l'autre ?

Non, si :

- vous aimez sortir des sentiers battus et n'êtes pas toujours bien mise (sans que ce soit flamboyant).

- vous avez une personnalité excessive.

- vous n'aimez pas que la maison soit en ordre.

- vous êtes infidèle, sauvage et de tempérament changeant.

- vous avez besoin qu'on vous soutienne.

- vous ne maîtrisez pas pleinement vos finances personnelles.

- vous êtes une femme très passionnée.

Oui, si :

- vous n'avez pas un caractère trop passionné ni trop vif.

- vous aimez la propreté, l'ordre et la méthode.

- vous n'êtes pas imprévisible ni très excentrique.
- vous recherchez la stabilité quitte à vivre un peu de routine.
- vous êtes capable et vous aimez prendre la direction de certaines opérations (organisation des vacances et de tout ce qui sort de l'ordinaire).
- vous aimez qu'un homme sache gérer les finances de la maison.
- vous n'êtes pas trop dépensière, à moins d'être indépendante de fortune.
- vous êtes sûre de vous et non complexée; vous savez apporter votre soutien à l'autre au besoin et êtes de caractère heureux.

L'homme Balance

Né entre le 23 septembre et le 22 octobre

Un être réceptif et aimant

L'homme né sous le signe de la Balance passe son temps à peser le pour et le contre de toute chose. Il a un fort sens de l'analyse et de la justice. Il aime bien évoluer dans un environnement équilibré et dont les normes sont claires. Il est du type traditionaliste. Intérieurement, il pense, hésite, se questionne. Vous vous demandez à quoi il pense? Il cherche à savoir s'il devrait être spontané, libre et artiste, ou plutôt réfléchi et à son affaire. Il hésite souvent, car il ressent fortement la subtilité de toute chose. Il sent ce que vous sentez, il sent ce que les autres sentent... si bien qu'à la fin de la journée, il lui arrive de ne plus trop savoir où il en est lui-même! Il est d'ailleurs impératif, pour l'homme sous le signe de la Balance, de trouver une compagne au caractère plutôt fort, optimiste et pas trop sensible. Il est aussi nécessaire qu'il développe une certaine aptitude à moins sentir les autres. Cela lui sera salutaire.

Un point positif: le natif de la Balance comprend bien les autres et surtout sa compagne. Il ne presse rien. Il écoute, il aime généreusement. Il s'adapte facilement à différents types de tempéraments et n'a pas un modèle très exclusif de l'amour. Il n'aimera pas nécessairement toujours le même type de femme: par exemple, l'une sera très active et passionnée, et la suivante pourra être rationnelle et contemplative, sinon carrément paresseuse. Il est sociable et aime sortir, mais peut également être casanier. Cependant, il sera vite déprimé s'il ne va pas régulièrement au théâtre, au cinéma, au restaurant...

L'homme Balance peut vivre longtemps avec une compagne avec laquelle ce n'est pas le grand bonheur, parce que: 1. il s'adapte facilement à tout; 2. il souffre d'une certaine paresse; et 3. il a le sens du sacrifice. Au fond, pourtant, il a besoin d'une femme qui le complète et lui apporte un équilibre, car il est profondément fait pour les associations. Ainsi, il est assez rare de voir un homme Balance célibataire. Une fois qu'il a trouvé sa perle rare, il ne la quitte plus et il se corrige et s'améliore jusqu'à ce que cette compagne le trouve bien. Autrement dit, si vous avez une âme de formatrice, allez-y, c'est peut-être le bon!

À la fois enthousiaste et pondéré, il a un bon équilibre. Il est de nature sentimentale, et cela même s'il semble parfois agir avec détachement. Il faut le rassurer assez souvent, car il est anxieux et inquiet de nature. Sa sincérité est une de ses principales qualités: quand il est avec vous, il est complètement présent. Il est généralement prévoyant, et on ne doit donc pas craindre de vivre des jours difficiles avec un tel homme.

Il est très sensible à la beauté et au charme ; si vous souhaitez le garder longtemps auprès de vous, sachez toujours vous faire belle et charmante.

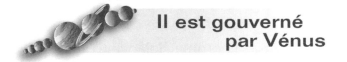

Il est gouverné par Vénus

L'homme Balance est un amoureux cérébral. Il se nourrit de beauté, d'harmonie et d'amour. Il a souvent un tempérament artiste et créateur. Jamais il ne cherche la dispute et il peut même supporter des situations difficiles avant d'accepter d'affronter les problèmes et de voir clair. Sous prétexte d'harmonie, il peut vivre un chaos intérieur assez grave. Mais, tôt ou tard, il transformera ce chaos et recréera l'harmonie.

Pour communiquer avec un natif de la Balance, on ne doit ni présenter les faits tels qu'ils sont, ni analyser, ni expliquer, ni se passionner... Il faut plutôt ressentir intuitivement les choses et les lui dire avec son cœur, au bon moment, idéalement avec douceur. Il est de son côté assez intuitif, mais il ne fait pas toujours confiance à ses intuitions ; il les intellectualise, s'éloignant ainsi du vrai.

Vous vous sentirez tout de même à l'aise avec un natif de la Balance. Il a une sociabilité tendre, est facile d'approche et comprend toujours ce que vous ressentez. À moins d'avoir plus d'une planète en Scorpion (son signe voisin), il est très paisible. Cela dit, il se nourrit du contact des autres et, d'une certaine manière, il est assez dépendant.

Inquiet de nature, il est plus possessif qu'on pourrait le croire dans un premier temps. Il ne pose pas de questions ouvertement, mais il est aux aguets. De son côté, il donne l'exclusivité à celle qu'il aime. Le seul bémol est qu'il peut passer d'une union à l'autre plus facilement que les natifs d'autres signes. Son tact le sauve de bien des situations complexes et vous pouvez être sûre d'être toujours bien traitée avec lui.

Sur le plan physique, l'homme Balance a une voix douce et posée. Étant sensible et artiste de nature, il est souvent vêtu avec goût. Il vit des émotions d'ordre esthétique et est attentif à la beauté. Il a souvent l'air un peu plus jeune que son âge. Ses mouvements sont toujours gracieux.

Ses idées, ses valeurs

Cet homme privilégie la justice, l'équité, la droiture et la diplomatie. Dans une union, il échange sagement, pourrait-on dire. Il communique ouvertement, mais jamais plus que sa compagne; il mesure, il écoute, il parle ensuite. Il adore converser mais ne prend jamais plus que sa place.

Cet homme redoute les extrêmes et peut avoir de la difficulté à faire des choix. Vous remarquerez qu'il peut hésiter longtemps devant un comptoir de pâtisseries ou d'autres petits choix de la vie. Avec vous, ce sera de même. Si vous le pressez, vous n'en tirerez rien de bon, car l'anxiété se mettra de la partie. On peut le guider subtilement, mais il vaut mieux le prendre par les sentiments.

Quelques types

Premier décan

Né entre le 23 septembre et le 1er octobre, le natif de la Balance sera généralement aussi actif qu'ambitieux. Il voudrait bien tout réussir, sa vie amoureuse comme sa carrière et tout le reste. Il est tendre et loyal, et assez bien organisé sur le plan pratique. Il a l'esprit critique et peut démolir les plus belles intentions par une simple remarque. Malgré ce petit défaut, c'est un être qui bâtit durablement.

Deuxième décan

Né entre le 2 et le 11 octobre, cet homme est typique de son signe; il peut être actif mais sera également très contemplatif de nature. Hédoniste, voilà un mot qui le décrit bien. Avec les femmes, il est charmant; avec la sienne, il l'est aussi et il est très présent. Avec lui, vous sortirez beaucoup et vous rirez beaucoup.

Troisième décan

Né entre le 12 et le 22 octobre, cet homme possède une personnalité affirmée. Il est généralement plus passionné que la moyenne des gens. Il vous voudra toute à lui et rien qu'à lui. Le seul hic, c'est qu'il vit parfois de fortes tensions intérieures, qui peuvent le rendre colérique. Cela dit, s'il a fait la paix avec lui-même, vous ne vous ennuierez pas et vous vivrez beaucoup de bonheur avec lui.

Et les autres

Il n'est pas impossible non plus que vous rencontriez un jour un homme Balance du genre dragueur invétéré... Celui-là fréquente bien des femmes, mais il n'est ni très intéressant ni fiable. Il paraît aussi qu'il y aurait des Balance du type prétentieux et snob. Je vous laisse les découvrir; pour ma part il ne m'est jamais arrivé d'en rencontrer.

On a les qualités de ses défauts!

Il est juste et agit souvent gracieusement. Il n'aime pas la discorde et ne la cherche pas. Il cultive ses relations. Il est tendre et il aime vivre à deux; il est donc très conciliant. Il ne cherche pas à diriger ses proches. Il est diplomate. Il est souvent beau ou, sinon, ses mouvements sont justes. Il est à l'écoute et dégage un sentiment de paix. Il adore discuter autour d'une table. Il sait vivre bien, c'est-à-dire cultiver les plaisirs de l'existence. Il est charmant et ne blesse pas les gens. Il adore converser, mais parle très rarement contre les autres. Il est digne de confiance.

Il se laisse parfois marcher sur les pieds par manque de courage et n'affronte pas toujours la réalité. Il hésite long-temps devant tout choix à faire. Il est difficile de le quitter, car il fait comme s'il ne se rendait compte de rien. Il peut rester prisonnier d'une femme autoritaire. Charmeur, il peut être un homme à femmes. Malgré toute sa bonne volonté, il ne comprend pas toujours bien les besoins de ses proches, car il est fréquent que quelque chose lui échappe sur le plan émotionnel.

Premier regard, premières rencontres

L'homme de la Balance ne se presse pas pour approcher celle qu'il aime. Il vous invitera ou vous l'inviterez: cela ne fait pas vraiment de différence pour lui. S'il voit que vous n'êtes pas du genre à téléphoner souvent, il le fera régu-lièrement. Il sera aussi à l'aise, même si parfois un peu intimidé, de faire les premiers pas que de recevoir un signe clair d'intérêt de votre part. Il faudra tout de même que vous soyez jolie, élégante (sans trop de flafla) et très vive d'esprit. Il aime aussi l'harmonie. Il n'est pas attiré par les personnalités extrémistes.

Si vous tentez une approche, faites-lui connaître un bon, beau et relativement luxueux restaurant. Un souper en tête à tête vous rapprochera certainement. Il adore les longues conversations. Si vous êtes cultivée et curieuse, il en sera ravi. Il est aussi très sensible aux compliments; ne vous privez donc pas de lui en faire. Si vous le mettez sur un piédestal, il fera tout pour rester auprès de vous. Puisqu'il est de nature très souple, il n'est pas facile de le quitter.

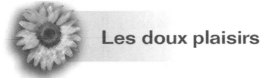

Les doux plaisirs

L'homme Balance est raffiné de nature. Il aime l'amour quand il est complet. Sexuellement, il n'est jamais brusque, impatient ni égoïste. Il souhaite avant tout votre bonheur physique et fera tout pour découvrir ce que vous aimez. Il aime beaucoup tout ce qui tourne autour de l'amour : les approches rituelles, la drague, le charme subtil, les approches, mais il aime aussi ce qui vient par la suite, à condition que ce ne soit pas uniquement physique. Il aura rarement, sinon jamais, une maîtresse qu'il n'aime pas d'amour.

Avec lui, vous connaîtrez le raffinement amoureux. Si vous êtes directe, rapide, sportive, ce ne sera peut-être pas le meilleur partenaire pour vous : vous percevrez chez lui trop de gentillesse et de douceur. Mais il est très souple et très ouvert; c'est là votre chance.

Et l'engagement?

Le natif de la Balance n'aime pas les relations sentimentales houleuses. Il doit trouver l'équilibre avec sa bien-aimée, pouvoir converser de tout, aimer chaque étape et chaque moment de sa relation. C'est un hédoniste dans un sens assez pur. Votre relation est pratiquement seulement amicale en ce moment? Il ne s'en inquiète pas; cela changera au moment opportun, et c'est tout. Vous vous voyez une fois toutes les deux semaines? C'est très bien comme ça. Il savoure chaque instant en même temps qu'il cultive son péché mignon: celui de s'abstenir de prendre une décision. L'homme Balance ne sait pas toujours clairement ce qu'il veut. L'avantage à cela, c'est qu'il ne vous demandera pas de le savoir vous-même, d'être décidée. L'inconvénient, c'est que vous vous demanderez parfois ce qu'est au juste la nature de cette relation…

Si vous souhaitez aller plus loin avec lui, préparez tranquillement le terrain et parlez de ce sujet sans vous presser ni vous énerver. À petits pas, on va loin. Charmez-le, donnez-lui de goût de continuer.

Ensemble tous les jours

Si vous vous fichez de votre allure, si vous n'êtes ni sportive ni naturellement belle, si vous détestez vous habiller avec goût et si le dernier de vos soucis est d'avoir une jolie coiffure, votre fiancé Balance sera très malheureux avec vous. Si en plus vous êtes excessive, exigeante et si vous faites des crises, il vous quittera. Autrement, vous venez de vous mettre en ménage avec un homme qui s'adapte facilement et n'a pas tendance à remettre son union en question.

Il aime vivre dans l'harmonie, mais cette harmonie n'a pas besoin d'être définie de façon très particulière. Avec l'une, il sortira beaucoup, avec l'autre, il sera casanier. Bref, vous pouvez mener votre union, en ce sens que vous pouvez inciter votre compagnon à faire certaines activités auxquelles il n'aurait pas pensé. Seul impératif : restez bien mise, en forme, jolie. C'est très important pour lui.

Êtes-vous « compatibles » ?

Lui et vous, femme Bélier

Le natif de la Balance aime vivre dans une ambiance harmonieuse ; ce n'est pas un batailleur, et les conflits le touchent plus profondément que bien des gens. Il est malheureux dans les disputes et n'y trouve aucune satisfaction. En fait, vous entendrez rarement une Balance, homme ou femme, vous dire que les disputes attisent l'amour. Elles sont plutôt un éteignoir. Et vous, Bélier, donc une femme pionnière, courageuse et fonceuse, vous aimez bien être stimulée, même s'il faut, pour cela, un peu d'orage. Avec une Balance, soyez sur vos gardes ; utilisez plutôt votre grande énergie pour le stimuler de façon positive. Il aime construire durablement ; vous êtes celle qu'il faut pour l'aider à agir.

Lui et vous, femme Taureau

Ce que vous avez en commun? Un bel art de vivre, l'amour de la beauté, le goût de la bonne vie. Vous pourriez faire un heureux couple de *gentlemen-farmers*! À deux, il est sûr que vous aurez la plus belle des maisons et que vous vivrez confortablement. Essayez de ne pas l'obliger à être d'accord avec vous en tout point. Il a sa propre personnalité, ses propres buts, ses propres désirs... Si vous êtes capable de respecter le fait qu'il a un jardin secret, vous pourrez construire ensemble. Vous avez en commun un même plaisir du quotidien, un même art de vivre. C'est une bonne base pour aller loin.

Lui et vous, femme Gémeaux

Vous êtes contente d'avoir rencontré un natif de la Balance, vous vous dites: «Enfin le genre de type qui n'a pas besoin de moi à ses côtés tout le temps, qui me laisse du temps libre!» Gardez-vous de telles pensées... Sous son air bon, calme, il est tout de même assez anxieux; il aimera toujours savoir où vous êtes et n'appréciera pas de se sentir délaissé. De plus, ces relations amoureuses sont toujours fondées sur une profonde amitié. Autrement dit, faites-le entrer dans votre groupe d'amis et apprenez à connaître ses amis. Il aimera vos qualités d'hôtesse, votre conversation, votre plaisir d'être entourée de nombreuses connaissances. Si vous vous unissez, il y aura des fêtes mémorables.

Lui et vous, femme Cancer

Il aime le beau, l'harmonie, un lieu de vie savamment négligé. En réalité, le natif de la Balance est très sensible à son environnement. Il doit, pour être heureux, vivre dans un lieu coquet. Si ce genre de considération vous importe peu, sachez que vous aurez intérêt à développer cet aspect de votre personnalité pour qu'il s'attache à vous. Il aimera que vous vous occupiez de la maison, de vous et de lui... Bref, vous ne vous ennuierez pas si vous vous unissez à un tel homme. Voyez quels sont vos ascendants respectifs et ce qu'ils disent de votre couple. Pas évident de prime abord... Mais sait-on jamais, votre tendresse naturelle pourrait lui donner un courage insoupçonné.

Lui et vous, femme Lion

Le natif de la Balance n'est pas le genre d'homme qui brille par sa force. Il a un côté sensible, tendre, délicat, qui vous attirera peut-être dans un premier temps, mais qui pourrait vous fatiguer rapidement, car vous êtes d'un genre différent. Il pourrait arriver qu'il se sente moins fort que vous ; donc, ne l'encouragez pas en ce sens si vous l'aimez. Vous avez beaucoup d'énergie et vous êtes de nature expansive ; apprenez simplement à voir que tout le monde n'a pas ces qualités. Cet homme sera toujours fier d'être à vos côtés. Il aime la beauté. (On dit toujours cela des Balance, et c'est peut-être exagéré, mais il reste qu'ils sont sensibles à l'équilibre, ce qui est la base de la beauté.) Il aimera assurément votre manière de vous vêtir et votre façon de bouger. Plus il sera fier de vous, plus il sera amoureux.

Lui et vous, femme Vierge

Si vous êtes à la recherche de l'homme parfait, vous l'avez peut-être trouvé, mais il se peut que vous ayez tendance à l'ignorer, à le critiquer, à relever la moindre chose qui ne va pas chez lui. Votre esprit critique pourrait vous desservir ; soyez vigilante à cet égard. Le prince charmant n'a pas toutes les qualités, il faudra bien vous en rendre compte.

Mais le natif de la Balance souffrirait d'être beaucoup critiqué; il faut plutôt le soutenir, l'encourager, lui faire des compliments, lui donner des forces en le félicitant. Par ailleurs, il appréciera grandement vos qualités d'ordre et votre sens de la méthode. Ça n'a l'air de rien, mais aimer le même genre de quotidien, c'est déjà beaucoup.

Lui et vous, femme Balance

La politesse et la réserve naturelle des natifs de la Balance pourraient vous desservir si vous n'êtes pas tous deux attentifs à votre relation. Il est plus facile pour une Balance de parler de tout et de rien que de dire les vraies choses. Vous communiquez souvent sur un plan aérien, évitant parfois de parler de ce qui est moins agréable. Or, en couple, il faut tout de même se parler vrai une fois de temps en temps. Le danger qui vous guette? Rester à la surface des choses, fermer vos yeux (les quatre) devant les problèmes, oublier de dire ce que vous avez sur le cœur. Toutefois, vous vous ferez des douceurs qui pallieront bien des problèmes.

Lui et vous, femme Scorpion

Vous ne comprendrez pas toujours son langage. Il peut rester à la surface des choses, ne pas aller en profondeur, ce qui en fin de compte ne le rend pas très heureux. De votre côté, vous ne le pouvez pas et vous êtes vraiment capable de profondeur. Si quelque chose ne va pas et si vous ne comprenez pas son attitude, parlez-lui calmement au lieu de le soupçonner du pire. Il ne comprendrait pas que vous perceviez un drame là où il n'y en a pas. Le rôle que vous remplirez le mieux auprès d'un natif de la Balance? Celui de guide; vous l'aiderez à découvrir ses forces, ses qualités, ce qu'il aime. Et cela, il vous en saura gré toute sa vie.

Lui et vous, femme Sagittaire

Le natif de la Balance n'est pas exigeant, mais il aimera tout de même sentir qu'il compte pour vous. Si vous l'avez rencontré il y a quelques mois et que vous aviez déjà mille et un projets en tête, veillez à l'inviter à y participer, n'ignorez pas sa présence. Sinon, il ne dirait rien mais en souffrirait. Si vous ne faites pas attention, vous resterez dans votre bulle. Il aime votre esprit entreprenant et curieux, et il en bénéficie. Votre humeur généralement positive a un heureux effet sur lui. C'est une union qui peut être stimulante et basée sur une compréhension réciproque.

Lui et vous, femme Capricorne

Le natif de la Balance craint toujours un peu de s'attacher ; c'est d'ailleurs ce qui lui donne un air vaguement lointain. Il est amoureux, peut-être, mais s'engager, c'est autre chose. Vous venez de le rencontrer, vous l'observez, vous vous demandez si le jeu en vaut la chandelle ; tout comme vous, il pèse le pour et le contre, mais la différence est qu'il ne le fait pas avec sévérité. Départissez-vous de votre bouclier ; il ne vous attaquera pas. Il aime que vous soyez authentique ; en fait, il admire cela. C'est peut-être ce qui vous unira.

Lui et vous, femme Verseau

Les signes aériens peuvent être attirés l'un par l'autre, mais ils trouvent plus ou moins facilement ce qu'il faut de réalisme pour bâtir à long terme. Puissiez-vous avoir tous deux des qualités terrestres fortes. Puissiez-vous être aussi réalistes qu'idéalistes ! Il se sentira un peu inquiet s'il ne comprend pas où vous vous situez. Il peut vivre dans une ambiance floue, ne pas tout savoir précisément (par exemple, le jour et l'heure de votre prochain rendez-vous), mais il lui faut tout de même une certaine prévisibilité, quelques indices de ce que sera ce prochain rendez-vous. Vous serez unis dans un même désir physique; c'est là que vous vous entendrez le mieux. Pour le reste, essayez simplement de ne pas être trop imprévisible et changeante.

Lui et vous, femme Poissons

Il est capable de beaucoup de compréhension, mais il est mal à l'aise si l'on exige trop de lui. Ne lui demandez pas de tout comprendre et n'attendez pas de lui qu'il soit tout pour vous. C'est un homme bon et charmant, qui aime ce qui est relativement léger. Donc, si vous vous faites lourde, il ne restera pas. Par ailleurs, il adorera votre côté romantique et fleur bleue. Votre générosité de cœur ne le laissera pas du tout insensible. Il vous aimera pour cette compassion naturelle que vous manifestez.

Êtes-vous faits l'un pour l'autre?

Non, si:

- vous n'aimez pas le luxe, l'aisance et le doux plaisir de ne rien faire.
- vous n'avez pas de temps à perdre.
- vous êtes de tempérament fougueux, dramatique ou jaloux.
- vous êtes impatiente et toujours pressée.
- vous êtes de nature distante et réservée. Vous parlez assez difficilement de ce que vous ressentez.
- vous avez besoin d'une attention soutenue, de soutien.

Oui, si :

- vous aimez prendre soin de vous et veillez à rester jolie et attirante.

- vous avez toujours le désir de plaire.

- vous êtes de nature optimiste. Vous dites facilement et souvent : « Je t'aime », et le prouvez.

- vous êtes active professionnellement tout en ayant toujours du temps pour lui.

- vous aimez les loisirs et la détente, et fréquentez les restaurants et les lieux publics à la mode.

- vous appréciez l'art, la conversation, l'harmonie.

- vous aimez encourager l'autre à atteindre ses objectifs.

- vous aimez faire les choses à deux et n'êtes pas individualiste.

- vous savez rendre la vie agréable autour de vous.

L'homme Scorpion

Né entre le 23 octobre et le 21 novembre

Un être fiable, passionné et passionnant

L'homme né sous le signe du Scorpion est de nature réservée en apparence; il est plein de secrets et se dévoile très lentement. Il se protège contre les autres et ne donne pas sa confiance d'emblée. Cela dit, il est probablement le signe le mieux armé pour la vie, ses hauts et ses bas. Il peut vaincre tous les obstacles à force de ténacité. Ses objectifs sont clairs et il n'a rien d'un être hésitant. Il se fixe des buts et les atteint. Même s'il peut sembler tranquille, sachez qu'il peut être très agressif; il ressent très fort ce qui se passe en vous, en lui... et chez tous ceux qui l'entourent. Il aime bien attaquer, se disputer, faire des remises en question. Lutter lui fait en quelque sorte du bien. Il est très intuitif et toujours lucide sur ce qui se passe autour de lui, et on peut faire confiance à son jugement.

Il est introverti. Bien sûr, il peut aimer sortir et vivre des soirées extraordinaires, mais il reste discret sur ce qu'il vit et ressent. Il est souvent silencieux et calme, et ce qui trouble tout le monde autour de lui aura l'air de couler sur son dos comme sur celui d'un canard. Il peut même sembler indifférent dans les situations tendues.

L'homme Scorpion s'en sort généralement bien du point de vue matériel, bien qu'en réalité cet aspect de la vie ne compte pas vraiment pour lui. Ce détachement peut lui être profitable. En fait, il aime bien un certain confort et même le luxe, mais il n'en est jamais dépendant. Cela dit, il a une bonne étoile sur le plan financier.

Dans sa vie amoureuse, il est à la fois très créateur et très destructeur. Il a besoin d'une certaine dose de tension. Il n'est pas à l'aise dans la routine ni dans une harmonie factice. Quand tout est calme en surface, « méfiez-vous de l'eau qui dort », dit-on. Et le Scorpion est un signe d'eau ! Cela dit, il est volontaire et décidé ; si vous êtes sa compagne et si vous êtes amoureux l'un de l'autre, il ira jusqu'au bout malgré les difficultés. Il a l'esprit sportif et n'est pas enclin à montrer ses déceptions ni même ses joies ; il brûle de l'intérieur.

Il est stable sur le plan amoureux et fait tout pour que cela fonctionne. Si un jour vous le quittez, il saura qu'il a tout essayé et n'aura pas de remords. C'est un être doté d'une énergie exceptionnelle ; cette énergie peut sembler contenue, mais elle est bel et bien présente et elle agit sur son entourage.

 ## Il est gouverné par Pluton et Mars

Cet homme est passionné, intelligent et guerrier lorsqu'il le faut. Il semble voir sous la surface des choses, il a un troisième œil bien ouvert, des antennes, et on peut se fier à ce qu'il ressent. S'il sent qu'il manque quelque chose de primordial dans une union, il n'ira pas plus loin. Il dégage beaucoup de magnétisme et, si vous tombez sous son charme, vous le serez probablement longtemps. Espérons que vous aurez tous deux les bonnes cartes, car c'est un bonheur presque certainement durable que de se lier à cet homme s'il vous aime. Il n'a pas tendance à papillonner ni à avoir beaucoup d'aventures sans lendemain. Il est très habile quand il souhaite se rapprocher de quelqu'un. Il a une mémoire d'éléphant. Courageux, il ne craint pas de prendre des risques. Il se préoccupe peu de ce qu'on pense de lui; il fonce, voilà tout.

Sur le plan physique, son regard est toujours appuyé, profond. Il a aussi une voix particulière dont on ne se lasse pas. Il est d'ailleurs assez sensible aux voix. Il a une personnalité magnétique.

Ses idées, ses valeurs

Il aime deux choses: créer et régner. Créer: il invente, il a des enfants, il imagine toutes sortes de scénarios possibles, il vit des amours extraordinaires, c'est un excellent amoureux. Régner: il mène, il décide, il avance, il voit clair, il juge, il atteint ses buts. C'est un homme qui est particulièrement habile dans le monde physique et matériel. Cependant – et c'est peut-être là sa contradiction profonde –, il y a aussi chez lui un côté destructeur et il peut mettre fin à un projet de la manière la plus abrupte.

Sa pensée est pénétrante et lucide, mais elle est guidée d'abord et avant tout par ses intuitions. Il sait, il a des pressentiments, il connaît les causes des événements et les rapports entre eux d'une manière qui échappe à la rationalité et à l'analyse. Vraiment, il semble en contact avec les profondeurs des choses. Il s'intéresse toujours à l'invisible, à ce qui est secret (pour tout le monde sauf pour lui). Il a un regard perçant sur les gens, y compris sur celle qu'il aime.

Quelques types

Premier décan

Né entre le 23 et le 31 octobre, il est sensuel mais moins passionné qu'on pourrait le croire de prime abord. Il peut nettement préférer une soirée bien arrosée et des conversations enrichissantes à une rencontre intime. Il est très charmant et, si vous tombez sous son charme, vous serez pratiquement magnétisée.

Deuxième décan

Né entre le 1er et le 10 novembre, il est passionné, parfois tendu, nerveux, poète, idéaliste, romantique... étonnant à tous points de vue. S'il vous aime, il ne verra que vous, mais il vaudra mieux pour votre union que vous soyez comme lui et ne voyiez que lui. Il ne faut pas le blesser, car ses blessures mettent du temps à guérir. À aimer seulement si on est d'une loyauté sans faille.

Troisième décan

Né entre le 11 et le 21 novembre, il a un côté voyageur, curieux, drôle, et il est peut-être moins dramatique ou passionné que d'autres. En fait, il garde une certaine rationalité et, avant de faire un choix, il se questionne quelque temps. Il n'a pas un caractère impétueux mais il ne supporterait pas d'être trompé. Sa vengeance serait bien calculée.

Et les autres

Côté spécimens rares, il existe aussi un type de Scorpion très gentil qui s'entend avec tout le monde, qui ne dramatise pas, ne détruit rien, ne crée peut-être pas autant que les autres, facilite la vie de tous ceux qui l'entourent, bref, un être fantastique au quotidien. On peut aussi rencontrer le type coincé, moins drôle, celui-là. Il vous fera languir longtemps (car ses yeux restent profonds et son regard, magnétique) avant que vous réalisiez qu'il n'y a rien à faire. Il rumine ses dernières peines et son passé... Ne vous attardez pas, vous n'en tirerez rien de bon.

On a les qualités de ses défauts!

Il est intense et passionné tout en ayant une attitude calme et posée. Il contrôle son univers. C'est le signe le plus fort. Il n'hésite jamais et s'engage durablement. Il est fidèle et loyal. Il a une nature vraie. Il peut être philosophe et émotif en même temps. Il est sensuel et amoureux. Il aime aimer. Il a l'esprit sportif. Il semble de marbre même quand il fond d'amour intérieurement. C'est un libre penseur. En fait, il est libre tout court. Il prend ses décisions par lui-même. Il est intègre et courageux dans l'adversité. Il peut dire franchement ce qu'il pense. On peut se fier à son jugement et il est de bon conseil. Il ne flatte pas faussement. Il est brave.

Il peut détruire des idées, des projets en un rien de temps. Sur le plan amoureux, il peut vous faire attendre aussi longtemps qu'il le voudra. Il est jaloux. Il peut avoir un côté cruel. Il peut hypnotiser qui il veut. Il n'est pas à conseiller à une femme trop sensible ou émotive.

Premier regard, premières rencontres

Si vous lui plaisez, vous le sentirez par son regard intense et appuyé. Il vous magnétisera et sera magnétisé. Le Scorpion est un être passionné et extrêmement intuitif. Il sait les choses. Il sait, par exemple, dès le premier regard si vous serez ou non dans sa vie ; il sait presque combien de temps ça durera. Il sait s'il veut des enfants avec vous ou pas et s'il vous choisit plutôt comme mère ou comme femme...

Ensuite, pour la parade, il est de style réservé et discret. Il ne fait pas étalage d'une nouvelle rencontre avant d'être sûr que la sauce prendra. S'il vous plaît plus que tout au monde, ne lui montrez pas trop vos sentiments ; acceptez qu'il sache que vous êtes sensible à sa présence, mais ne devenez pas trop facile d'accès ni trop directe. De son côté, s'il reste de marbre, ne vous étonnez pas, c'est son jeu. Le Scorpion aime ce qui est complexe et n'est pas à la recherche de la facilité. Il ne faudrait surtout pas qu'il vous trouve très gentille ; là, vous deviendriez pour lui une sœur, une amie.

Une fois les déclarations faites, partagez sincèrement ce que vous vivez intérieurement avec lui. Ne le lâchez plus d'une semelle, ne soyez pas trop indépendante. Il ne déteste même pas les scènes. Vous n'avez pas à changer votre nature et, si vous êtes de tempérament optimiste, cela pourrait très bien être O.K. aussi mais, surtout, restez proche de lui, faites la paire; il sera profondément rassuré de vous sentir loyale. Si vous êtes aussi passionnée que lui, cela pourra également être bon, mais il faudra que vous vous habituiez tous les deux à monter quand il descend et à descendre quand il monte. Chacun son tour, et l'équilibre sera atteint.

 ## Les doux plaisirs

Les langoureux et éternels plaisirs de l'amour, devrions-nous dire en parlant du Scorpion. Il est profondément sensuel et sexuel. Il aime faire l'amour... et il adore la profondeur; il n'en a pas peur, bien au contraire. Il aime expérimenter et ne reculera pas devant vos propositions. Il est aussi très énergique et l'amour physique l'aide à se libérer un peu de cette énergie.

Intérieurement, il bouillonne et cette chaleur s'exprime admirablement dans les contacts physiques, qui seront certainement assez fréquents avec lui. Si, par mégarde, vous oubliez cette part de la vie, disons qu'au bout de quelques années, votre couple ne fera pas long feu. Il peut ne pas s'entendre avec une femme qui aime faire l'amour précipitamment, qui n'est pas vraiment sensuelle et fait passer au second plan la relation physique. À ce moment-là, il semblera se désintéresser de la question, et vous vous direz:

«En fin de compte, il n'aime pas ça tant que ça.» Faux, archi-faux. Il a simplement compris qu'il ne pouvait vous satisfaire, que vos conceptions de la sexualité divergent. Seulement pour femmes langoureuses, sensuelles et passionnées.

Et l'engagement?

L'homme né sous le signe du Scorpion est un passionné. Il est presque toujours généreux et ne se trompe pas sur ses sentiments. Si vous le fréquentez, c'est qu'il vous aime. Cela dit, le Scorpion, s'il ne se sent pas parfaitement en confiance ou s'il n'est pas prêt à s'engager pour une raison ou pour une autre, gardera ses secrets; il restera lointain et semblera plus ou moins présent. Dans ce cas, vous pouvez être sûre qu'il y a anguille sous roche. Le Scorpion est possessif. L'est-il avec vous? Si oui, c'est qu'il vous aime; sinon, c'est qu'il est ailleurs.

Ça stagne et vous voulez savoir où vous en êtes tous les deux? Faites-lui une grande scène, dites-lui à quel point vous l'aimez; surtout, ne soyez pas réservée sur vos sentiments à son égard. Plus il sentira que vous l'aimez, plus il aimera cela.

Ensemble tous les jours

Vous venez d'emménager avec votre Scorpion et vous vous dites: «Ça y est, à nous le bonheur au long des jours tranquilles!» Oubliez ça, votre homme Scorpion est un homme de remises en question. Il n'aime pas que les jours se suivent et se ressemblent. Premièrement, il voudra vérifier si vous l'aimez vraiment et, simplement pour s'en assurer, il risque de vous en faire voir de toutes les couleurs. N'oubliez pas non plus que la tentation de tout détruire guette toujours cet être. Une seule solution: l'aimer beaucoup et ne pas vous laisser impressionner par ses attitudes parfois incompréhensibles, par son goût des crises. La grande qualité du Scorpion, c'est la profondeur de ses sentiments, mais c'est aussi son grand défaut. Si vous êtes capable de prendre une distance psychologique sans jamais vous éloigner dans les faits, vous fêterez vos noces d'or.

Êtes-vous « compatibles »?

Lui et vous, femme Bélier

Être directe, ça peut marcher avec bien du monde mais, avec un natif du Scorpion, il vaut mieux adopter une attitude à la fois souple et langoureuse. C'est qu'il aime le mystère, il ne s'en guérira pas, et vous avez tendance à dire les choses comme elles sont et à oser l'affront quand vous sentez qu'il servira à éclaircir une situation. Votre Scorpion doit rester un peu perplexe; il ne doit pas tout comprendre et tout savoir de vous. Plus il travaillera dans le but de saisir la personne que vous êtes vraiment, plus il se sentira bien. Si tout est clair, s'il fait toujours soleil, il se questionnera et il doutera même de la vérité d'une telle attitude. Avec un natif du Scorpion, vous serez heureuse si vous ne lui expliquez pas tout.

Lui et vous, femme Taureau

C'est un couple prometteur que celui d'une femme Taureau et d'un natif du Scorpion. Vous le stabilisez, tandis qu'il vous rend la vie palpitante. Vous serez peut-être subjuguée, complètement saisie... à tout le moins, vous serez sous le charme, un grand charme, il va sans dire. Cet homme n'est pas simple. En fait, il est complexe et aime ce qui est compliqué. Dès votre rencontre, évitez de simplifier les choses et d'analyser en surface; cet homme va au fond de tout et voit tout. Il appréciera votre loyauté et votre fidélité. De votre côté, vous y gagnerez en profondeur et votre vie aura plus de sens avec lui.

Lui et vous, femme Gémeaux

Il n'a rien contre le silence, et vous qui aimez bien parler... Que ferez-vous pour vous entendre? Parler moins, écouter un peu plus, lui donner le goût de vous dire de jolies choses. Cet homme ne fuit pas les émotions fortes et profondes, et il vous faudra donc les apprivoiser. S'il est affligé, s'il est tendu, ce ne sera pas de tout repos. Une telle union vous demandera beaucoup; en échange, elle vous apportera beaucoup. Mais si vous sentez que vous êtes dans une impasse, ne forcez rien; toutes les rencontres ne sont pas faites pour durer. Si cela fonctionne, vous deviendrez plus sentimentale et romantique. Vous aurez davantage de profondeur.

Lui et vous, femme Cancer

Vous deux pouvez vous comprendre et vous aimer. Vous avez certainement beaucoup de choses à vivre ensemble. Une chose à surveiller: vous êtes d'humeur changeante, toute légère un jour et lourde le lendemain, et il s'inquiétera peut-être de savoir ce qui vous rend si instable. S'il est sûr de votre loyauté, vous serez comme deux larrons en foire. Il aimera votre côté tendre et doux, votre goût pour le quotidien, vos soins, vos attentions. Laissez-vous aller à votre tempérament lunaire! Il aimera chacun de vos gestes.

Lui et vous, femme Lion

Une femme typique de votre signe s'affirme sans fausse pudeur, prend de la place, parfois beaucoup de place. Bien sûr, il existe aussi des natives du Lion qui ont la douceur du Cancer, mais généralement vous êtes du type princesse. Or, il pourrait en prendre ombrage. Le natif du Scorpion aime mener, décider, être en avant. Dans l'intimité, faites-lui comprendre qu'il est votre grand prince... et tout ira bien. Vous partagerez ensemble le goût des bonnes choses et les plaisirs terrestres. Si votre union dure, elle sera brillante et confortable.

Lui et vous, femme Vierge

Il apprendra de vous, c'est sûr. Le Scorpion n'est pas toujours discipliné et peut remettre au lendemain bien des devoirs.... Il se taille pourtant une bonne place en général, car il a de l'entregent; si on y regarde de plus près, les détails, par exemple, on remarquera qu'il y a toujours un laisser-aller en arrière-plan... S'il vous a rencontrée, vous l'émerveillez déjà, car, eh oui, il est très impressionné par les gens qui ont de la méthode et qui possèdent les qualités qui lui manquent. Ce qu'il faudrait éviter? Le reprendre, le critiquer ou le rabaisser en public, surtout, bien sûr, mais aussi en privé, si vous souhaitez que votre union dure.

Lui et vous, femme Balance

Avec lui, ne vous imaginez qu'on peut tout dire et qu'il ne s'en souviendra pas ou qu'on peut se comporter d'une manière étrange un soir et qu'il l'oubliera... Le natif du Scorpion observe, analyse, juge et décide. Rien ne lui échappe. Et vous qui aviez l'habitude de prendre la vie comme elle vient, de dire une chose un jour et d'en penser une autre le lendemain! Les premiers temps, vous vous étonnerez, puis vous vous habituerez. Êtes-vous du genre fidèle? Sinon, oubliez-le, si oui, tant mieux. Ce qu'il aimera vraiment? Que vous lui disiez à quel point il compte pour vous... Ne soyez plus timide, si vous l'avez déjà été; exprimez-lui et montrez-lui vos sentiments.

Lui et vous, femme Scorpion

La rencontre de deux natifs du Scorpion laisse présager un couple de nature complexe. Vous aurez toute la vie – si vous le souhaitez – pour explorer vos personnalités respectives... très profondes et très riches. Mais il faudra vous méfier de certaines caractéristiques de votre personnalité. Toute forme de jalousie est à bannir ici («Allez, tire-toi», chantait Léo Ferré), toute envie d'enquêter et de soupçonner l'autre de mille et un délits est à honnir. Si vous réussissez cela, vous pourrez voir loin dans le futur, main dans la main.

Lui et vous, femme Sagittaire

Il est profond, parfois sombre et intense, le plus souvent fidèle, il se décide lentement et possède un côté sérieux, en particulier sur le plan amoureux. Et vous? Vous êtes optimiste, drôle, vous avez tendance à prendre la vie comme elle vient. Pour l'aimer, vous aurez certainement vécu un coup de foudre. Le Scorpion est d'un naturel jaloux et possessif, ce qui peut parfois être difficile à vivre. En échange, vous serez toujours aimée. Mais demandez-vous si vous êtes prête à être loyale. Avec lui, il n'en tiendra qu'à vous de vivre pleinement votre féminité, cette part de votre être que vous cachez parfois derrière un masque.

Lui et vous, *femme Capricorne*

Si vous êtes amoureuse d'un natif du Scorpion, perdez illico presto toute froideur ou réserve apparente. Dites-lui combien vous l'aimez, montrez-lui votre tendresse et votre amour. C'est un homme chaleureux, qui adore les manifestations amoureuses. Il aimera votre solidité, et vous l'aiderez à gravir les échelons qui le mèneront vers les cimes qu'il souhaite atteindre. Votre union a un bon potentiel.

Lui et vous, *femme Verseau*

Une telle union sera fondée sur la passion ou ne sera pas. Si vous êtes heureux ensemble, il est probable que vous ayez tous deux des qualités différentes de celles de vos signes solaires, Verseau et Scorpion. C'est qu'en fait vous êtes très libre, alors que lui aime posséder. Mais si vous dépassez cela et si vous êtes vraiment éprise de lui, là, ce sera une tout autre chose. Il sera impressionné par votre manière unique de voir la vie et voudra apprendre de vous. Ne soyez pas trop indépendante, cela le déstabiliserait.

Lui et vous, *femme Poissons*

Deux signes d'eau sont généralement bénis des dieux. Si vous acceptez de voir la réalité en face de temps en temps, vous pourrez construire à deux une relation solide. Il est émerveillé par votre personnalité. Vous aurez la chance de l'impressionner facilement. N'en profitez pas pour l'exploiter; choisissez plutôt de l'aimer.

Êtes-vous faits l'un pour l'autre?

Non, si:

- vous vous négligez physiquement et n'aimez pas vraiment les petites crèmes, les parfums, les beaux vêtements.

- vous avez une personnalité noire ou une humeur dépressive ou colérique.

- vos ex sont vos amis.

- vous êtes de nature douce et serviable. Il ne vous respectera pas si vous êtes trop gentille.

- il vous arrive d'être infidèle ou de manquer de loyauté.

- vous êtes de nature rationnelle et réservée.

- vous considérez que le sexe est secondaire.

- selon vous, l'amitié compte autant que l'amour.

Oui, si:

- vous êtes naturellement mystérieuse, ni trop simple ni vraiment directe.

- vous êtes follement amoureuse de lui.

- vous avez une nature apaisante.

- vous aimez ce qui n'est pas ordinaire et êtes ouverte à la passion.

- vous êtes toujours séduisante, 24 heures par jour.

- vous avez des principes, que vous savez défendre.
- vous seriez prête à monter aux barricades pour défendre l'amour de votre vie.

L'homme Sagittaire

Né entre le 23 novembre et le 21 décembre

Un caractère instinctif et conscient

L'homme Sagittaire, représenté par le centaure, moitié homme, moitié cheval, a une nature animale forte et une nature humaine tout aussi forte, ce qui en fait un être avant tout indépendant. Il peut agir et penser sur deux plans, ce qui est beaucoup. Il est habituellement optimiste, jovial, assez ambitieux et aventurier, quoiqu'il apprécie son confort. Il aime la vie, toute la vie. Il a beaucoup d'énergie, et c'est peut-être là sa plus grande chance.

Cet homme est naturellement compréhensif. Il fait facilement la synthèse d'éléments qui sont en apparence contradictoires et il n'y a pas grand-chose qui l'effraie. Il est aussi de bonne compagnie. Il réfléchit, philosophe, analyse, mais il n'est pas un pur intellectuel, car il ressent aussi les choses. C'est un être physique et assez terre à terre.

Cet homme est actif. S'il vient de vous rencontrer et s'il vous aime, il vous le fera savoir d'une manière ou d'une autre, par son regard, son sourire, une invitation, sa façon d'aller vers vous. Il est direct et n'a pas tendance à rêver trop longtemps à moins d'être affligé. Il cherche à transformer les choses autour de lui, il a besoin que ça bouge, il veut avancer et, s'il souhaite le faire avec vous, il ne passera pas par quatre chemins pour vous le dire. Il est très dynamique et actif. Il peut même avoir une nature excessive, et il n'est pas rare qu'il ait de mauvaises habitudes à combattre. Il cherche malgré tout la vérité et l'équilibre, et il est prêt à travailler pour atteindre ses objectifs. Il a un sens de l'autorité naturel mais ne cherchera pas à mener le bal dans une union. Ce qu'il aime vraiment, c'est la cohabitation de deux personnes libres et adultes. Il dit ce qu'il pense et vous demandera votre opinion. Il n'a pas besoin de prouver son autorité, car elle lui est très naturelle.

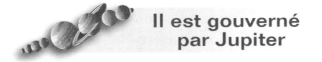

Il est gouverné par Jupiter

Il s'imagine parfois qu'il a été béni des dieux, qu'il est très chanceux, et remercie le ciel pour tout ce qu'il a. Il est confiant et positif, parfois même un tout petit peu prétentieux. Dans les relations intimes, il est malheureux avec les femmes négatives, tristes ou pleines d'amertume. Avec ce genre de femme, il se fera du mauvais sang. Il doit fuir les relations avec les gens négatifs.

Il sait qu'il plaît et qu'on l'écoute facilement mais n'en abuse pas. Au contraire même, il guide plutôt les gens vers l'indépendance d'esprit. Avec sa compagne, il aime être bien traité, se sentir libre et avoir le temps de réaliser ses projets. En échange, il fera de même avec elle. Ayant un idéal humain assez élevé, il peut parfois rentrer à la maison découragé de ce qu'il a constaté dans sa journée. Dans ce cas, vous serez la douce qui l'écoute, le réconforte, lui change les idées.

Il veut souvent obtenir une satisfaction immédiate à ses désirs, un peu comme les enfants souhaitent avoir des bonbons dès qu'ils en voient sur les étagères des magasins. Il ne maîtrise pas très bien ses désirs, et c'est peut-être sur ce plan qu'il devra cheminer le plus.

Sur le plan physique, l'homme Sagittaire est souvent assez massif. Il est en forme et sportif (on trouve quelques sportifs de salon, mais davantage de vrais). Il aime la bonne chère et est assez gourmand. Il a un regard franc et un sourire tout aussi franc.

Ses idées, ses valeurs

L'homme Sagittaire aime que la vie lui apprenne des tonnes de choses, qu'il voudra à son tour enseigner. Il aime apprendre, donner et a besoin de se sentir utile. Il est doué pour la politique et pour l'enseignement. Même quand il n'exerce pas de fonctions officielles liées à la politique ou à l'enseignement, observez de près et vous verrez qu'il exerce une influence importante sur son entourage: il stimule les gens autour de lui, leur apprend ce qu'il sait. C'est un être plein de vitalité, qui privilégie toujours l'action et non les paroles, même s'il est généralement assez habile avec les mots.

Quelques types

Premier décan

Né entre le 23 novembre et le 1er décembre, il est un peu différent du natif typique, moins jovial et optimiste, plus jaloux aussi. Il est ambitieux, bâtisseur et très passionné. En fait, il magnétise qui il veut et il faudra veiller à lui demander s'il est vraiment célibataire avant de vous laisser aller. C'est qu'en fait, il est soit célibataire parce qu'il n'arrive pas à choisir, soit en couple et très, très libre. Donc, soyez claire. Cela dit, quand il s'attache, c'est pour longtemps.

Deuxième décan

Né entre le 2 et le 11 décembre, il est actif et généralement peu enclin à la souffrance intérieure, à moins d'être sérieusement marqué pas son passé. C'est un être jovial, optimiste, souvent même un bon vivant. Il aime bien son confort et s'entoure de bonnes et belles choses. Il apprécie la vie simple, souvent dans la nature. On peut lui faire confiance.

Troisième décan

Né entre le 12 et le 21 décembre, ce Sagittaire est de nature assez optimiste, mais il a probablement été assez éprouvé au tournant du millénaire, disons les cinq années d'avant et les cinq d'après. Donc, si vous le rencontrez avant 2010, il faudra prendre des gants blancs pour le charmer et, surtout, pour le rassurer. Il a une nature assez méfiante. Bien qu'il soit stable, il possède une nature complexe. Intérieurement, il n'est pas toujours tout à fait bien avec lui-même, mais cela s'améliore avec l'âge.

Et les autres

Il se peut également que vous rencontriez des natifs du Sagittaire de type rare. Parmi ceux-là se trouve celui qui se prend vraiment pour un autre (pas de temps à autre mais toujours). Fuyez-le. Il y a aussi le célibataire endurci : blessé ou profondément solitaire, il vous ferait souffrir pour rien. Fuyez-le lui aussi.

On a les qualités de ses défauts !

Le natif du Sagittaire est actif, franc, direct, drôle et entreprenant. Il va droit au but. Il est amusant et répand la joie de vivre autour de lui. Mine de rien, il fait réfléchir les gens. C'est un bon compagnon et un bon compagnon de voyage. Il aime apprendre et il est généralement cultivé, car il est curieux. Il se sort bien de toute situation difficile. Il est actif physiquement. Il est idéaliste et d'un enthousiasme communicatif. Il est bien entouré et toujours apprécié. Il est optimiste sans être stupide. C'est un bâtisseur. Il se remet assez rapidement des émotions douloureuses. Il a peu d'ennemis. Il est franc (parfois un peu trop), il dit ce qu'il pense et donne l'heure juste. Il est rarement jaloux. On n'a pas à tout lui donner, il se contente de ce qu'il a.

Il peut être naïf. Il est souvent prétentieux et ne se prend pas pour de la petite bière, comme le dit l'expression. Il peut même, à l'occasion, se prendre pour Zeus ! Il est très occupé par ses causes et par son travail. Il peut être excessif. Il est parfois trop optimiste, il rêve. Il ne perçoit pas toujours ses ennemis. Il a un côté boy-scout (il aide tout le monde pendant que vous l'attendez à la maison). Sur le plan amoureux, il est difficile à cerner: veut-il être votre copain, votre ami, votre amant, votre amour ou votre époux? Impossible de le savoir! Il aime bien flirter (souvent pour n'aller nulle part, d'ailleurs, ce qui peut devenir agaçant…).

Premier regard, premières rencontres

Si vous lui plaisez, il ne se gênera pas pour venir vers vous. Il vous invitera à prendre un café sur un ton léger et sympathique. Il est assez ouvert, optimiste de nature et il a le réflexe heureux au sens où il croit pratiquement toujours que ses avances donneront les résultats escomptés. Il a aussi un côté assez sage, au sens où il se dit: «Si ça ne marche pas pour nous deux, au moins, j'aurai essayé, j'aurai saisi la chance.»

Avec un Sagittaire, vous pouvez être ouvertement sociable, curieuse, drôle et directe. Il ne s'en formalisera pas, au contraire. Il aime bien les gens qui lui ressemblent. Il est donc attiré par les femmes pas trop compliquées et assez équilibrées. La seule chose qu'il ne souffre vraiment pas, c'est s'il sent que vous jouez un jeu pour tenter de l'attraper, pour le prendre comme on pêcherait un poisson. S'il sent l'ombre de cela, vous ne le reverrez pas de sitôt.

Les doux plaisirs

Le Sagittaire est un bon vivant. Il aime le sexe, sans que cela l'obsède, sauf au printemps! Il est assez conservateur de ce côté. Si ça ne va pas avec lui sur le plan du sexe, c'est peut-être que l'amour n'est plus là. Son désir peut s'atténuer si vous êtes souvent près de lui; prenez donc congé de temps en temps, éloignez-vous un peu, puis revenez.

Il y a un côté sportif et jovial chez cet homme, et ses relations sexuelles s'en ressentent. Il n'aime pas qu'on le presse trop, qu'on se colle à lui, qu'on soit dépendante et triste. Il aime qu'on soit présente, active, entreprenante, avec juste ce qu'il faut de sensualité, d'amour, de rire et de bonheur. Étant par nature assez direct et franc, parfois même un peu cru, ce n'est pas le plus doué pour les prémisses. Une sexualité très routinière aura vite fait de l'ennuyer et de l'éloigner. Gardez le contact et dites tout de suite ce qui ne va pas. Surtout, changez de rôle à l'occasion, ne vous croyez pas tenue d'être toujours la même. Faites-le souffrir un petit peu et faites-lui plaisir souvent; il fera de même avec vous.

Et l'engagement?

Le Sagittaire a un côté éternel célibataire; même s'il reste avec vous pendant 20 ans, il gardera toujours un air un peu juvénile et un côté solitaire. Il apprécie la bonne vie, et il n'aime donc pas les drames ni les tragédies; cela le rend profondément mal à l'aise. S'il ne vous demande rien et si vous ne savez pas à quoi vous en tenir, vous pouvez lui parler tout en restant un peu détachée intérieurement. Parlez, par exemple, de ce que vous ferez l'an prochain. Ne soyez ni trop raisonnable (il aurait l'impression que vous êtes bassement calculatrice), ni trop passionnée (il aurait

peur de s'embarquer dans un voyage tumultueux et désagréable), ni trop exigeante (il aurait l'impression d'avoir
trouvé un patron). Si vous constatez qu'il ne bouge pas,
vous pourrez toujours vous éloigner sans vous dire : « C'est
peut-être moi qui a nous privés de notre chance d'être
ensemble... » Le Sagittaire est du type actif : s'il vous aime,
il s'organisera pour vous retrouver et regagner votre cœur.
C'est un chasseur, quand même !

Ensemble tous les jours

Il a l'esprit sportif, il a une foule d'amis, il adore l'action, il
aime voyager, il s'ennuie vite dans la routine, il est actif et
enthousiaste. Idéalement, vous devriez lui ressembler un
peu. Bon, vous n'êtes pas forcée d'avoir autant d'amis et
de connaissances que lui (vous ne vous visiteriez qu'une
fois par mois !), mais il est vraiment nécessaire que vous
ne soyez pas une personne triste, mélancolique, casanière
ou portée sur la routine. Vous ferez un long chemin ensemble si vous vous laissez entraîner dans ses mille et un
projets et plus encore si vous savez doser les fois où vous
l'accompagnerez et celles où vous le laisserez vivre un peu
de cette vie de célibataire qu'il a quittée par amour pour
vous. Si vous pensiez un jour vous reposer et si vous êtes
amoureuse d'un Sagittaire, vous pouvez oublier cela. Ayez
l'esprit sportif !

Êtes-vous « compatibles » ?

Lui et vous, femme Bélier

Vous avez en commun un enthousiasme naturel et le goût de réaliser vos rêves. Généralement actifs, vous ne serez pas un couple paresseux ou contemplatif. Vous êtes une femme décidée, c'est entendu, vous savez ce que vous voulez, c'est bien, mais il ne faudrait pas essayer de vouloir mener les choses à la place de votre prince. Cet homme est autonome; il ne vous dira pas quoi faire (ou si peu!) et ne lui dites surtout pas quoi faire non plus! En fait, vous êtes promis à une relation franche et adulte. Il aime surtout vos forces vives et s'étonnera longtemps d'avoir enfin rencontré une femme aussi vive et drôle. Ensemble, vous serez en mesure de faire un long bout de chemin.

Lui et vous, femme Taureau

En bon Sagittaire, il est assez indépendant et surtout un brin aventurier. Il aime les douceurs de la vie, le confort et il est gourmand: vous aurez cela en commun. Là où ce sera peut-être un peu risqué, c'est si vous êtes tentée de le mener par le bout du nez ou même de savoir ce qu'il fait de ses journées. Laissez-le vivre sa vie et retrouvez-le de temps en temps ou même souvent. Il a besoin de votre appui et non de votre surveillance. En fait, vos deux signes sont ceux de grands amoureux de la nature, et c'est là que vous pourrez vraiment vous retrouver.

Lui et vous, femme Gémeaux

Vous serez attirée et intriguée par cet homme. Parfois aussi, amusée ou étonnée par lui. Il aime les grands espaces et est amoureux de tout ce qui est étranger, de ce qui vient de loin. Il adore apprendre et vous aimez enseigner. Si vous vous intéressez aux mêmes sujets, comme l'art, les voyages, la politique, vous serez bien assortis, de ceux qui conversent et ne s'ennuient jamais ensemble. Intéressez-vous à ce qui le passionne et invitez-le à faire de même avec vous. Un couple prometteur.

Lui et vous, femme Cancer

Le natif du Sagittaire n'aime pas les gens plaignards. Il peut se plaindre lui-même, ça, ça ne compte pas, c'est lui, mais quand il s'agit des autres, non, jamais! Si vous aimez être consolée, si vous avez le cœur langoureux, s'il vous arrive d'avoir le mal de vivre, oubliez tout de suite votre Sagittaire. Si, par ailleurs, vous êtes maternelle, drôle, tendre et douce, et si vous aimez prendre soin de l'autre, alors là, restez, il vous adorera. Il garde toujours un côté grand enfant. Vous pourrez partager ensemble votre goût pour les plaisirs de la vie.

Lui et vous, femme Lion

Le natif du Sagittaire apprécie ses semblables et il s'entend généralement bien, et même très bien, avec les signes de feu (Bélier, Lion, Sagittaire). Il aime leur compagnie car ces gens-là, hommes ou femmes, sont généralement enthousiastes devant les défis; ils sont actifs et ont en quelque sorte l'esprit sportif. La seule chose qui pourrait l'étonner (et pas forcément favorablement), c'est que vous aimiez trop le luxe. Si vos rêves vont dans le même sens, vous pourrez les réaliser ensemble. Il devra tout de même connaître votre agenda caché ; montrez-le-lui.

Lui et vous, femme Vierge

En général, un homme natif du Sagittaire et une femme de la Vierge s'entendent sur le plan intellectuel. Ils aiment discuter ensemble et peuvent aussi aimer voyager ensemble et s'intéresser aux mêmes activités. Il est peut-être un peu plus désordonné que vous, mais il vaudrait mieux ne pas le lui reprocher. Laissez-le s'amuser ; plus il est heureux, plus il est agréable à vivre. Un couple stable.

Lui et vous, femme Balance

Les possibilités d'entente sont bonnes pour vos deux signes, mais ne vous offusquez pas de ses changements d'idées, de ses nombreux plans, de ses activités... continues. Il mène le plus souvent mille et un projets de front. C'est un être très occupé, et il est assez difficile de lui donner le goût des petites soirées tranquilles en amoureux... à ne rien faire. Il s'ennuiera si vous l'obligez à cela. Donc, si vous venez de rencontrer un Sagittaire, laissez-le vivre sa vie et ne vous formalisez pas de ses incessantes activités. Vous aimerez bien sa manière d'envisager la vie, et lui sera attiré par votre compréhension du monde.

Lui et vous, femme Scorpion

Si vous êtes du type jalouse et possessive, il ne comprendra pas, il n'aimera pas et s'éloignera. Vous venez de le rencontrer ? Baissez tout de suite votre niveau de vigilance et de lucidité, et laissez-vous bercer par la vie ; cessez de vouloir tout comprendre et aimez, simplement. Vous aurez certainement beaucoup d'atomes crochus tous les deux.

Mais, de votre côté, vous devez abandonner une certaine forme de possessivité et inciter cet homme à un peu plus de sérieux dans ses projets intimes. Vous vous soutiendrez l'un l'autre.

Lui et vous, femme Sagittaire

Le problème, si vous rencontrez quelqu'un de votre signe, est que vous pourriez avoir de la difficulté à perdre la tête. Il vous ressemble et vous lui ressemblez, ce qui pourrait créer un sentiment plus fraternel qu'amoureux. Vous aurez parfois l'impression d'une très ancienne parenté. Si vous l'aimez, dites à l'amie, à la sœur, à la mère en vous de se taire un peu. C'est la femme en vous qu'il aime. Le pronostic est bon pour un couple tel que le vôtre, car vous aimerez faire les mêmes activités et vous verrez la vie de la même manière.

Lui et vous, femme Capricorne

C'est un optimiste, un idéaliste, et il lui arrive de s'illusionner. Vous êtes plutôt une femme réaliste, observatrice et vous n'avez aucune tendance à vous imaginer des choses. C'est sur ces points qu'il vaudrait mieux vous rencontrer et vous comprendre. Il est possible que vous soyez heureux ensemble, mais il faudra que vous appreniez à respecter son amour (parfois un peu fou) de la vie, et que pour sa part il apprenne à ne pas se formaliser de vos remarques parfois dures. Si vous devenez un peu comme lui et s'il devient un peu comme vous... alors vous serez heureux ensemble.

Lui et vous, femme Verseau

Vous aimerez peut-être voyager ensemble. Dans tous les cas, vous vous entendrez sur votre goût des cultures étrangères, sur les arts et sur toutes sortes de sujets pas trop terre à terre. Au quotidien, votre couple pourrait être moins facile. Vous serez peut-être surprise par son dynamisme et, de son côté, il sera peut-être surpris par une certaine froideur apparente que vous avez parfois. Pour être vraiment bien ensemble, vous devez vous parler beaucoup et mieux vous comprendre. Le hic, c'est qu'au jour le jour, l'un comme l'autre, ce n'est pas forcément votre tasse de thé de parler.

Lui et vous, femme Poissons

Vous ne vivez pas forcément sur la même planète... et c'est ce qui pourrait vous rendre la vie un peu compliquée. Si vous êtes très amoureux l'un de l'autre, il est probable que vos ascendants vous rapprochent. Il sera très impressionné par vos multiples idées et projets. Tous deux occupés et passionnés, vous vous retrouverez sur le plan du rythme de vie. De votre côté, essayez d'éviter les montagnes russes émotives. Vous êtes plus capable de profondeur que lui et il se sentirait vite comme sur un bateau qui tangue.

Êtes-vous faits l'un pour l'autre ?

Non, si :

- vous êtes casanière et si vous avez vos petites habitudes, auxquelles vous ne dérogez pas.

- vous êtes réaliste et terre à terre, voire un peu pessimiste. Rien ne l'éteint comme les remarques acerbes et amères.

- vous aimez critiquer, surtout *le* critiquer.

- vous êtes trop centrée sur vous.

- vous ne pensez qu'à votre retraite et aimez l'idée même de ne rien faire.

- vous êtes souvent déprimée, triste et de tempérament austère.

Oui, si :

- vous êtes de nature enthousiaste et optimiste et non de nature tourmentée.

- vous aimez ce qui vous est étranger; vous aimez voyager et vous êtes curieuse des autres cultures.

- vous n'êtes pas jalouse.

- vous êtes simple, assez ouverte, active et passionnée par vos activités.

- vous aimez voyager et ne diriez pas non à l'idée d'aller vivre ailleurs.

L'homme Capricorne

Né entre le 22 décembre et le 20 janvier

Un être tendre et tenace

L'homme né sous le signe du Capricorne se distingue des autres signes par sa très forte volonté. S'il décide quelque chose, n'essayez ni de le faire changer d'idée ni de le restreindre. Il va son chemin comme il l'a choisi. Il n'a pas peur de l'adversité : parlez-lui d'un obstacle, il n'en sera pas apeuré et en sera même stimulé. Il aime remporter des victoires sur lui-même et dépasser ses propres limites ; celles des autres lui importent peu. Il ne choisit jamais la facilité. Avis à vous, femme qui le trouvez bien : vous devez représenter un défi, et plus celui-ci sera de taille, plus cela le stimulera. Impossible n'est pas Capricorne, pourrait-on dire. C'est aussi un homme très conscient de ce qui se

passe autour de lui; on ne peut lui mentir sur ses sentiments car il le saurait tout de suite. Il est assez sévère, et
avec lui-même et avec les autres. Il observe et juge, et par-
donne rarement, sinon jamais. Il est admirable, mais à la
longue, on peut souffrir de sa froideur. Cela dit, il est très
fiable et très responsable. Jamais il ne vous fera faux bond,
à moins, bien sûr, de ne vous avoir rien promis.

Il y a chez lui un certain détachement, et il peut paraître
indifférent à ceux qui l'entourent. Il a un côté solitaire assez
fort; si vous l'aimez, choisissez tout de suite de respecter
cette facette de sa personnalité, sans quoi le bonheur ne
sera pas au rendez-vous. Il a une bonne concentration et
adore généralement son travail, qui lui prend passablement de temps. C'est d'ailleurs une autre chose que sa
compagne devrait savoir.

Il semble si calme qu'on le croirait sans émotion. Il n'en
est rien, bien entendu. En fait, il est sérieux et construit
sûrement mais lentement. Il aime en profondeur. Il a des
antennes lorsqu'il s'agit de savoir si quelque chose en vaut
la peine ou non.

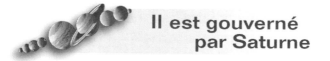

Il est gouverné par Saturne

L'homme Capricorne est avant tout ambitieux. Il peut même
faire passer ses sentiments après ses objectifs. En fait, ce
sera ainsi tant qu'il n'aura pas trouvé une compagne qui le
fasse changer d'idée. Cela dit, c'est lui qui décide si une
union existera ou non. Ne prenez jamais la peine d'insister
auprès d'un Capricorne désintéressé; vous perdriez littéralement votre temps. Il sait ce qu'il veut et voit celle qu'il

aimera. Une fois sûr de lui et de ses sentiments, il est patient et persévérant. Il est également responsable, et on peut compter sur lui. Vous le trouvez dur? Il l'est un peu, en effet, mais sachez qu'il l'est aussi envers lui-même. Il peut même être sévère à son égard. Il est souvent plus heureux en vieillissant, car il se libère un peu de son sens du devoir. Il aime aussi plus facilement et moins douloureusement ou sévèrement. Au fond, il recherche la sagesse et aime deux choses d'une compagne: 1. qu'elle l'aide à acquérir cette sagesse; 2. qu'elle lui apprenne à se délasser.

Sur le plan physique, l'homme Capricorne a souvent une structure du corps solide et bien équilibrée. Il est bien charpenté. Il attire souvent les femmes par sa froideur mêlée d'une chaleur intense.

Ses idées, ses valeurs

Le natif né sous le signe du Capricorne n'est pas un être volage, léger, je-m'en-foutiste, hyper optimiste... Au contraire, il est souvent austère, ferme et persévérant. Il privilégie ce qui est durable et qui a de la force et n'investit jamais son énergie ou son argent de manière aléatoire. Il ne prend pas de risques, à moins d'être pratiquement sûr de gagner. Il peut faire taire son amour s'il considère qu'il n'est pas encore suffisamment établi.

Cependant, il se fout généralement du luxe. Il peut vivre avec le minimum et est très rarement dépensier. Il aime apprendre et toute sa vie, il continuera de le faire; c'est un adepte des formations continues! Demandez à un Capricorne de 77 ans ce qu'il souhaite faire, et il y a de bonnes chances qu'il vous réponde: «Actuellement, j'apprends l'espagnol.»

Quelques types

Premier décan

Né entre le 22 décembre et le 31 décembre, il est un peu plus fantasque que le Capricorne traditionnel. Il aime voyager et prend son temps avant de se caser. S'il ne rencontre pas quelqu'un qui l'aime passionnément, qui l'aime assez pour s'assurer qu'il soit à la fois libre et soutenu, il restera célibataire. De caractère, il a tout de même un certain optimisme. Il n'est pas égocentrique et aime s'occuper des autres. Cela dit, il voit autant à ses intérêts qu'à ceux des autres. Il est bon en calcul et a tout pour devenir riche.

Deuxième décan

Né entre le 1er et le 10 janvier, il est très responsable. Il met du temps à passer à l'action, mais une fois décidé, il va vers son objectif sans aucun recul. S'il n'atteint pas son but du premier coup, il persévérera jusqu'à la réussite. C'est un compétiteur difficile à battre. On peut compter sur lui, car il est ultra responsable. Il peut être sensible intérieurement et même très sentimental, mais il restera toujours discret sur ce qu'il vit. C'est un être secret et fier. Et lorsqu'il donne sa confiance à quelqu'un, c'est pour toujours.

Troisième décan

Né entre le 11 et le 20 janvier, le Capricorne est stable et même d'un grand calme apparent, mais vous sentirez qu'intérieurement il est sensible. Il est mystérieux et ne se livre pas facilement. Il cherche une compagne stable et ne sera pas heureux tant qu'il ne l'aura pas trouvée. C'est un homme fiable, tranquille, qui peut avoir un côté pantouflard. Il choisira souvent une femme complexe et intelligente, une femme qui n'hésite pas à discuter l'ordre établi, ce qui le sortira un peu de sa routine.

Et les autres

Quelques cas plus rares peuvent tout de même vous être présentés. Il y a d'abord le Capricorne délinquant: celui-là ne souffre aucune autorité, ne paie pas ses impôts, fuit ses responsabilités, a des idées de grandeur et remet tout en question. Il est très drôle dans une fête, on veille tard avec lui et on rit. Mais pour le long terme, il faudra attendre qu'il ait vieilli. Il y a aussi le Capricorne solitaire et fermé; celui-là est vraiment secret. Il faudrait avoir huit vies pour percer son mystère et toucher son âme.

On a les qualités de ses défauts!

Le Capricorne est fort, d'approche plaisante, fier et ambitieux. Il est indépendant mais cache une grande chaleur intérieure. C'est un romantique discret. Il est calme et sûr de lui en toute circonstance. Il a le sens de l'humour et est souvent pince-sans-rire. Il est responsable et d'une détermination sans faille. Il devient plus agréable et plus tendre avec les années; il se bonifie! Il adore sa famille et la protège. Il est prévoyant. Il parle peu mais agit. Pour éviter le plus possible d'avoir à divorcer, il fait montre de prudence et se marie donc souvent sur le tard.

Il est souvent timide et peut même sembler un peu sec. Il est ambitieux, parfois trop. Il aime la solitude. Il ne se connaît pas toujours bien et a des idées de grandeur. Il peut avoir des réactions brusques. Il est avide de compliments et adore qu'on lui en fasse, même s'il s'en défend bien. Il peut être infidèle, mais tard dans sa vie. Il exprime peu ses besoins et vous devez donc les deviner. Il a un côté routinier et austère ; il se couche tôt et souhaite que vous fassiez de même.

Premier regard, premières rencontres

Le Capricorne bouge assez lentement. Il attend d'être sûr de plaire et d'avoir envie de vous connaître avant de faire un pas vers vous. Il doit d'abord voir qui vous êtes. Par là, il entend : paraissez-vous bien ? êtes-vous en santé ? savez-vous vous tenir ? êtes-vous réservée ? êtes-vous loyale ? Après un temps d'observation, il viendra vers vous si vous correspondez en tout point à la femme qu'il cherche. De votre côté, si vous êtes d'un tempérament à la fois calme et ambitieux, cela pourra durer.

Lors d'un premier rendez-vous... et même pendant une certaine période de temps, ne vous privez pas d'être conservatrice ; il ne respecte que cela. Allez cherchez en vous-même la princesse à qui l'on doit honneur et respect : il sera ravi de faire sa connaissance.

Si vous êtes fofolle, excentrique, originale, fonceuse et pas conservatrice pour deux sous, même si vous tombez éperdument amoureux l'un de l'autre, ne vous attendez pas à ce que votre union dure : pour une relation à long terme, il doit bâtir sur un terrain sûr. Profitez tout de même du présent.

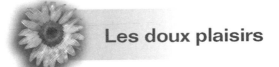

Les doux plaisirs

L'homme Capricorne est la plupart du temps un très bon amant. Il s'applique, il vous découvre lentement; il n'est ni égoïste, ni trop mou, ni trop gentil... Bref, il sait vraiment y faire. Au début de votre union, quand vous vous connaîtrez encore peu, il pourra sembler un peu prude et ne détestera pas, d'ailleurs, que vous le soyez aussi. Il aime bien apprivoiser... lentement. C'est aussi un homme qui se détend avec le temps, ce qui fait qu'avec lui on a toujours l'impression que c'est de mieux en mieux, de plus en plus chaleureux, plutôt que le contraire.

Il faut tout de même garder en tête qu'il reste réservé et préfère une ambiance pas trop «olé olé» ou, à tout le moins, qu'il n'aime pas l'exubérance. Respectez son goût de l'intimité et vous serez une femme comblée.

Et l'engagement?

Le natif du Capricorne est généralement (et même très souvent) du type traditionaliste. Il procède avec ordre et méthode, il ne brûle pas les étapes, il est conformiste. De plus, il est relativement lent. Cela dit, c'est un homme qui, la plupart du temps, sait très bien ce qu'il veut, ce qu'il aime, ce qu'il souhaite, ce qui a du bon sens et ce qui n'en a pas. Vous pouvez donc faire confiance à son sens des réalités. Si vous êtes ensemble, c'est probablement qu'il vous aime déjà et qu'il croit que cela pourrait durer longtemps entre vous. Il a peu de relations frivoles et, s'il se rend compte qu'un amour n'est pas durable, il s'effacera rapidement.

Avec un natif du Capricorne, il vaut mieux faire des propositions rationnelles et qui vont dans l'ordre des choses. Si vous souhaitez savoir quelles sont ses intentions, rappelez-lui que vous vous connaissez depuis x temps, que vous vous fréquentez depuis x temps et qu'il serait peut-être temps de construire. Parlez du temps, sans toutefois dramatiser. Il vaut mieux être savante dans l'art de négocier pour être sa partenaire.

Ensemble tous les jours

Le Capricorne, c'est connu, s'améliore avec le temps. Il devient moins coincé, il s'ouvre, il devient tendre. Il quitte sa carapace. Cela peut être long, mais ne doutez pas que tout ira de mieux en mieux si vous êtes la femme qui lui convient et s'il est l'homme qui vous convient. Si vous aimez les relations passionnelles, oubliez cet homme. Il n'est pas sans passion, mais celle-ci est très intérieure et il ne faut pas essayer de la découvrir sous peine de le voir très malheureux.

Votre homme aime la stabilité, la solidité, ce qui se bâtit avec le temps. Il est capable d'efforts à long terme, est très responsable et ne fuit jamais ses responsabilités. Est-ce lui que vous cherchiez? Si oui, le voilà. À vous maintenant de faire preuve de patience, de rester active, ambitieuse et intéressée par vos activités personnelles tout en ayant une bonne dose d'amour et d'affection à donner à cet homme qui vous les rendra au centuple.

Êtes-vous « compatibles » ?

Lui et vous, femme Bélier

Un natif du Capricorne agit le plus souvent lentement. Il sait assez rapidement ce qu'il veut, mais il met les choses en branle au moment où il sent que cela portera fruit, pas avant. Bref, il sait attendre et il aime bien que les gens qu'il fréquente, y compris la femme qu'il aime, sachent faire de même. Difficile pour vous ? C'est possible. Vous aurez parfois l'impression qu'il freine lorsque ce n'est pas nécessaire. Dans les faits, si vous y regardez de près, vous verrez qu'il exerce un grand contrôle sur tout. Respectez son rythme à condition que cela ne vous brime pas trop. Autre chose : votre vigueur lui fera du bien et votre vivacité le fera rajeunir… même s'il est jeune.

Lui et vous, femme Taureau

Vos principes et vos valeurs sont les mêmes. Vous aurez donc quelques points d'avance sur bien des couples pour vous entendre. Il faudra tout de même accepter sans en prendre ombrage sa nature un peu austère et sévère. Il sera étonné de vous voir réussir autant de choses, atteindre autant d'objectifs sans pour autant vous fatiguer beaucoup. Il sera peut-être surpris aussi de votre chance naturelle. Votre art de vivre, votre gourmandise, votre goût pour la nature, votre hédonisme lui feront beaucoup de bien. Laissez le temps passer sans rien presser et vous vivrez un bel amour.

Lui et vous, femme Gémeaux

Êtes-vous capable d'être posée, de tenir vos promesses et de prendre la vie au sérieux sans vous ennuyer? Si oui, vous pouvez toujours prendre la chance de vous associer à un tel homme. Une chose est sûre, il prendra un certain temps avant de se décider ou, à tout le moins, il vous observera du coin de l'œil sans que vous vous en rendiez compte. Il pèse le pour et le contre de tout, il est prévoyant et, s'il croit que vous pourriez faire un bout de chemin ensemble, faites-lui confiance, il serait étonnant qu'il se trompe complètement. Vous l'aiderez à établir des contacts, ce que sa froideur apparente l'empêche parfois de faire. Tout ce que vous ferez pour lui de bon cœur sera comptabilisé et retenu.

Lui et vous, femme Cancer

Il réfléchit, vous ressentez; il analyse, vous sortez vos antennes; il compte, vous pesez; il réalise, vous idéalisez. Bref, vous sentez le monde de façon différente mais, paradoxalement, vous en tirez souvent les même conclusions. Votre union pourrait être heureuse, mais n'essayez pas de lui faire apprendre et comprendre votre langage trop vite. Comptez sur le temps. Grâce à votre union, vous sentirez que la vie est riche, très riche, de possibilités.

Lui et vous, femme Lion

Le natif du Capricorne est très soucieux des apparences, tout comme vous, ce qui vous rapproche. Il sera fier de vous et vous serez fière de lui. Les chances sont bonnes pour que vous fassiez un beau couple. Serez-vous heureux ensemble? Oui, peut-être, à la condition *sine qua non* de respecter mutuellement vos activités, vos amis, vos familles.

Surtout, n'allez pas, ni l'un ni l'autre, juger de vos activités respectives ou de vos relations familiales ou amicales. Voilà une bonne union: votre Capricorne vous soutiendra, tandis que, de votre côté, vous le rendrez plus serein.

Lui et vous, femme Vierge

Vous avez en commun un grand sens des responsabilités et des valeurs auxquelles vous tenez. C'est un bon terrain pour bâtir à long terme, mais il vous faudra tous les deux rechercher en vous-même vos côtés drôles... de façon à ne pas devenir un couple trop sérieux. Évitez de critiquer cet homme, surtout en public; il ne le prendrait pas. Soutenez-le plutôt dans ses efforts. Il est très capable de réussir tout seul, mais quand on l'aide et on l'assiste, il ne l'oublie jamais et sa reconnaissance est grande.

Lui et vous, femme Balance

Vous êtes sociable? Vous aimez voir du monde? sortir? vous amuser? danser? chanter? boire un petit coup? De son côté, c'est différent: il n'est pas très drôle et n'aime pas beaucoup sortir. Il aime se coucher tôt... et vous, pas toujours. Cependant, vous lui faites voir les choses autrement et cela, il l'appréciera, c'est sûr. Il est bon, fidèle, présent, et ne manque pas de maturité ni d'honnêteté. Entre vous, cela pourrait durer.

Lui et vous, femme Scorpion

Quand vous avez une idée dans la tête, vous ne l'avez pas dans les pieds, comme on dit, et lui non plus! Tous deux volontaires, vous agissez pourtant différemment: lui est patient, tenace, réfléchi; vous êtes passionnée, brûlante, coriace. Une chose est sûre, il vous faudra comprendre que cet homme attache une immense importance aux apparences. Si votre réputation laisse à désirer, si on a déjà dit des choses pas très catholiques à votre sujet, il le saura et pourrait s'éloigner pour cette simple raison. Si c'est le cas, ne vous en faites pas. Attendez un homme plus sûr de lui. S'il vous aime, il sera émerveillé par votre force qui vient des profondeurs. Vous pouvez vraiment vous entendre.

Lui et vous, femme Sagittaire

Il hésitera peut-être, se disant: «Elle me quittera un jour ou l'autre pour aller courir le monde.» Il voit que vous êtes indépendante, joviale, optimiste, ouverte. Bien sûr, il trouve ça très bien, mais ça ne le rassure pas forcément. Montrez-lui que vous êtes stable, loyale, fidèle. Si vous l'aimez vraiment, ne lui laissez pas croire une seule fois que vous pourriez être volage ou manquer de sérieux. Vous le rendrez joyeux, moins triste. Avec vous, il rira.

Lui et vous, femme Capricorne

Quelle drôle d'idée que d'unir deux Capricorne ensemble! Si vous vous êtes rencontrés, ce n'est certainement pas pour rien. Tous deux forts, vous pourrez faire et choisir ce que vous voulez. Vous ne devez rien à personne et vous savez où vous souhaitez aller. Vous, dame Capricorne, devrez faire appel à vos ressources de bonheur et de joie de vivre. Lui aussi. Cultivez ensemble votre humour respectif, qui est parfois discret, mais toujours présent. C'est par là que vous vous entendrez.

Lui et vous, femme Verseau

Votre originalité pourrait raviver ses craintes naturelles de changer l'ordre du monde. Il est comme ça, décidé, mais réservé. Poli, toujours, et sérieux, un peu trop. Et vous, avec vos idées toujours plus étonnantes les unes que les autres, vous le surprendrez… Essayez d'y aller mollo, car c'est un sensible, au fond. Si vous vous êtes trouvés, voyez ce qui vous rassemble. Prenez votre temps, suivez son rythme, ne parlez pas trop de ce qui pourrait le déstabiliser… et peut-être ferez-vous un long bout de chemin ensemble.

Lui et vous, femme Poissons

Le Capricorne possède quelque chose de la tortue : une carapace. Il a quelque chose d'un guerrier : un bouclier. Il a quelque chose d'une chèvre : des cornes et une ténacité à toute épreuve. De votre côté, vous avez dans votre bagage une tonne d'amour et de tendresse à donner. Donnez, donnez. Il a de la mémoire. Ne le plongez pas dans la confusion en lui racontant des histoires compliquées. La grande émotivité le rend mal à l'aise.

Êtes-vous faits l'un pour l'autre ?

Non, si :

- vous êtes menée par vos émotions.
- vous aimez tout ce qui est dernier cri, sortez souvent jusqu'à 4 heures du matin, et aimez beaucoup fêter.
- vous n'êtes pas d'un naturel volontaire et discipliné.
- vous êtes idéaliste et trouvez ennuyants les gens très réalistes.
- vous aimez rêver.
- vous êtes de nature imprévisible et aimez agir sur un coup de tête.

- vous n'êtes pas d'une intégrité à toute épreuve.
- l'argent est le dernier de vos soucis, et le sexe, le premier.

Oui, si :

- vous êtes traditionaliste de nature et aimez agir selon les normes.
- vous avez une réputation sans tache.
- vous êtes ambitieuse et prenez votre carrière à cœur.
- vous savez gérer votre argent.
- vous ne perdez le contrôle dans aucune situation.
- vous aimez discuter de politique.
- vous avez des relations avec des gens bien placés.
- vous n'êtes ni excessive ni trop sentimentale.

L'homme Verseau

Né entre le 21 janvier et le 20 février

Un être libre et original

Dès que vous rencontrerez un homme Verseau, vous vous sentirez en confiance ; il a quelque chose d'amical et de compréhensif. Son humanisme transparaît dans sa personnalité. Il est original, imprévisible, un peu secret. On dirait parfois qu'il vient d'ailleurs. Il se sent différent des autres et n'est jamais tout à fait dans la norme ; quand il essaie de l'être, il ne se sent pas bien et ça ne fonctionne pas. Il doit être indépendant, penser par lui-même, choisir sa voie sans se laisser influencer par les autres, auxquels, il faut le dire, il est tout de même sensible. Il n'est ni fragile ni fort ; il est lui-même, il est vrai. Il a souvent beaucoup d'idées et c'est à partir de ces idées qu'il pourra apprendre à être véritablement lui-même. Si vous êtes sa compagne, sachez que vous pouvez faire taire votre imagination si le cœur vous en dit: il en a pour deux. Cependant, il aime beaucoup discuter et s'attache souvent à des femmes plus intelligentes et plus originales que la moyenne.

Il est assez discret de nature. Il exprime assez peu ce qu'il ressent et, paradoxalement, il fait davantage part de ses sentiments en vieillissant que lorsqu'il est jeune. Il est un peu plus à l'aise avec les idées qu'avec la réalité. Il n'est pas totalement rêveur et idéaliste, car il a aussi un côté pragmatique, ce qui finit par créer un bon équilibre. Il est plutôt spirituel de nature. Il anticipe souvent ce qui viendra bientôt. Son esprit le sait. Il a besoin de vivre dans un environnement authentique avec des gens qui l'aiment vraiment, car il se méfie très peu des autres et il a tendance à leur donner le bon Dieu sans confession, comme on dit. C'est le onzième signe du zodiaque, ce qui lui confère un certain savoir sur l'humanité. Il est de type constant: s'il vous aime, il ne partira pas du jour au lendemain pour des raisons anodines. Il est obstiné, ce qui l'aide à vivre une union stable.

Il est à la fois sérieux et doux. Il a un idéal assez élevé et ses amitiés sont généralement très importantes pour lui. Il ne craint pas de rompre avec les idées à la mode et il est original, non pour le plaisir de l'être mais parce qu'il a sa propre conception des choses. Il peut entrer dans de grandes colères s'il est très frustré. Il doit trouver une manière de s'exprimer dans son travail et avoir une compagne qui le comprend vraiment.

Dans sa vie amoureuse, le Verseau veut se sentir libre. Autrement, il perdra tout sentiment et deviendra mélancolique. Il n'est pas un être de passion et, ce qu'il souhaite vraiment, c'est bâtir une union durable. Il peut vivre des amitiés amoureuses. Il ne se contente pas de l'attirance charnelle. Pour lui, la confiance mutuelle doit être basée sur une communion plus profonde que celle des corps, et l'amour, pour exister, doit être complet. Pour lui plaire, il faut l'intriguer (jusqu'à un certain point), le surprendre. Il aime bien qu'une femme soit émotive, mais il faut tout de même qu'elle soit prête à expliquer pourquoi. Attention, tout de même, de ne pas prendre son intérêt général pour un intérêt particulier : curieux de nature, il questionne tout le monde. Il peut sembler docile, mais en réalité, il ne l'est pas.

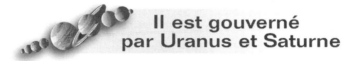

Il est gouverné par Uranus et Saturne

L'homme Verseau a une pensée claire ; il voit bien ce qui est en voie de survenir. Il est de type clairvoyant. Il a un énorme besoin d'espace et de liberté, ce qui ne veut pas dire qu'il souhaite vivre seul. Si vous êtes amoureuse de lui, vous aurez toujours l'impression de ne pas savoir s'il est vraiment présent ou pas. Il est mystérieux. Il réfléchit beaucoup et, à l'occasion, il peut s'imaginer que personne ne le comprend, qu'il est vraiment différent du reste de l'humanité. Il faut alors lui rappeler votre présence et l'amour que vous lui portez.

Il est passablement risque-tout. Il aime tenter de nouvelles expériences et, même s'il se casse la gueule, il ne sera pas longtemps déçu. Il faut parfois le protéger contre lui-même, mais le plus souvent il doit se sentir libre. En tant que compagne, vous l'accueillerez à la maison, une fois ses expériences faites, et vous le consolerez gentiment. Cela dit, à long terme, le Verseau n'est pas un être irresponsable, loin de là. S'il est expansif et léger en surface, sachez qu'en profondeur, il a besoin de votre amour.

Sur le plan physique, le Verseau est généralement moyen, ni trop grand ni trop petit, ni trop gros ni trop mince. Son visage est beau par l'équilibre qu'il dégage. Son charme et sa grâce lui viennent de son détachement. C'est un homme qui plaît beaucoup aux femmes.

Ses idées, ses valeurs

Le Verseau est humaniste et altruiste. Il voudrait beaucoup vivre dans un monde meilleur et se trouve souvent en porte-à-faux avec la société dans laquelle il vit. Il n'a pas peur de dire non aux idées reçues. C'est un libre penseur. Il a de nombreuses idées et une foule de projets. Il est actif et connaîtra plusieurs réussites. Face à l'échec, il apprend plutôt que d'en souffrir longuement.

Il est bon que le Verseau privilégie les valeurs spirituelles, car c'est de cette manière qu'il trouve vraiment sa place dans le monde. Plus ses amours ont une composante spirituelle, et donc complète, mieux son couple se portera.

Quelques types

Premier décan

Né entre le 21 et le 30 janvier, ce Verseau est à la fois sentimental et secret. Il vit de grandes émotions intérieures et parle à peu de gens de ce qu'il ressent, à moins de se sentir en très grande confiance. Si vous êtes sa dulcinée, vous serez sa grande confidente. Il semble parfois dans sa bulle, et alors on n'a pas accès à son intimité. Si vous le soupçonnez d'égoïsme, vous êtes probablement dans l'erreur; c'est simplement qu'il a un côté solitaire. Il aime être seul tout en sachant que ceux qu'il aime sont tout proches. Il est assez mystérieux et on sait rarement ce qu'il pense; ne vous questionnez pas là-dessus.

Deuxième décan

Né entre le 31 janvier et le 9 février, ce Verseau est typique; vous le trouverez parfois si imprévisible et surprenant que vous ne parviendrez pas à le comprendre. Mais vous pourrez l'aimer. Il est très reconnaissant de l'amour qu'on lui porte. Le Verseau est un être qui n'a en lui aucune petitesse, et c'est peut-être cette qualité qu'il recherchera chez la femme qu'il aimera. Il vivra une union composée de deux êtres profondément libres et généreux, qui ne sont pas à la recherche de faux pouvoirs.

Troisième décan

Né entre le 10 et le 20 février, ce natif est plus chaleureux que le Verseau typique. Il se préoccupe beaucoup de savoir ce que sa partenaire ressent et vit, mais il peut aussi se réfugier dans une bulle où il devient inaccessible. Il est assez difficile à saisir et ne se livre pas facilement; il a une personnalité complexe. Mais c'est un bon amoureux en raison de son besoin d'aimer et d'être aimé.

Et les autres

Du côté des raretés, vous pourriez un jour rencontrer un Verseau de type ennuyant et sans mystère. Ce sera pour vous un bon mari à condition que vous soyez une adepte de la routine.

On a les qualités de ses défauts!

Le Verseau est libre, libéral et parfois même libertaire. Il est généreux parce que peu attaché aux biens matériels. Il aime les gens en général et n'est jamais mesquin ou trop critique. Pour lui, chacun est spécial et digne d'intérêt. Il est discret de nature, romantique et loyal. Il n'est pas égoïste et s'intéresse souvent davantage aux autres qu'à lui-même. Il a de grands idéaux et fuit les controverses inutiles. Il est calme et gentil. Il déteste l'opportunisme et ne le pratique jamais. Si on cherche à l'exploiter, on le perdra. Il est généralement ordonné (et vérifiera comment vous êtes à cet égard). Sa générosité n'est pas extravagante. Il n'est pas jaloux ni suspicieux. Il n'essaiera pas de tout savoir sur vos activités (vous vous demanderez même à l'occasion si vous lui plaisez vraiment). Il est d'un naturel honnête. Il n'est pas ennuyant.

Il est parfois solitaire, ou plutôt, il a des états d'âme qui peuvent le rendre solitaire. Il aime qu'on s'occupe de lui (surtout du côté des repas!). Il accorde la même importance à tout le monde. Il ne parle pas toujours clairement de ce qu'il ressent. Il aime les changements et les imprévus et peut parfois vous faire faux bond. Il n'est pas très rassurant. Il ne s'associe pas facilement.

Premier regard, premières rencontres

Plus vous serez mystérieuse, originale et imprévisible, et bien sûr belle, plus vous attirerez l'homme Verseau. Il s'intéresse à toutes les femmes, il les regarde toutes, et c'est pourquoi vous ne devrez pas vous fier à un simple regard appuyé ou à quelques signes d'intérêt pour être sûre que vous lui plaisez.

Il aime sortir des sentiers battus et il aime les femmes qui le surprennent. C'est un mauvais candidat pour la routine et le petit nid douillet et ennuyeux; il souhaite être stimulé d'abord et avant tout, et pour cela il est prêt à oublier bien des idées reçues. Il se marie souvent tardivement.

Lui faites-vous de l'effet? Vous n'en serez pas assurée dans un premier temps, car ses messages sont assez difficiles à décoder. Il peut très bien commencer une histoire d'amour par de l'amitié. Il aimera que ayez le même groupe d'amis et que vous vous croisiez souvent, mais sans plus dans les premiers temps. Il n'est pas jaloux et vous ne pourrez donc vous fier à cet indice. La rivalité pourrait l'éloigner plutôt que le rapprocher de vous.

Quand vous sentirez qu'il est temps de passer à une autre étape, transformez-vous en courant d'air et vous verrez bien s'il tient à vous revoir. Plus vous resterez *cool* et détachée, plus vous le stimulerez. S'il revient, soyez chaleureuse sans vous inquiéter de votre réputation; il sera heureux de constater que vous êtes une femme aimante. Surtout, ne lui donnez jamais l'impression que vous voulez le contrôler, le diriger.

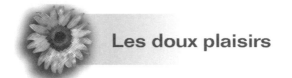

Les doux plaisirs

La sexualité de l'homme Verseau est difficile à décrire car elle est changeante et imprévisible. Durant des mois, vous serez la femme la plus comblée du monde, ensuite, il aura de fortes attentes, puis, un peu plus tard, il deviendra un parfait ascète durant quelque temps... et ça recommencera. Si vous avez besoin d'une passion soutenue ou d'une routine régulière, vous serez déçue.

Il ne faut pas trop chercher à comprendre le Verseau; il faut le respecter, l'aimer, le suivre... dans les détours de la vie. Il aime le sexe, mais le sexe est loin d'être tout pour lui. En fait, en prenant quelque distance avec le sexe, il se préserve intérieurement. Cela dit, il n'est jamais contre les nouvelles expériences et n'est pas du genre à s'offusquer de vos fantasmes. C'est un homme ouvert, dont il faut respecter les cycles.

Et l'engagement?

Un natif du Verseau, s'il vous aime, restera à vos côtés; s'il ne vous aime pas, il se transformera très vite en courant d'air. On dit toujours que ces natifs tardent à s'engager, qu'ils préfèrent l'imprévu à la stabilité. Il est vrai que votre Verseau gardera toujours un air un peu absent, un côté «je-suis-dans-mon-monde», mais généralement, c'est tout de même un grand amoureux. Acceptez tout de suite son côté imprévisible. Ne faites pas trop de plans ni de prévisions, et sachez que tout ce que vous imaginerez pour le futur, il le fera peut-être, mais à sa façon. Il est mystérieux et le restera. Le jour où vous n'attendrez plus rien de lui, il vous donnera tout. Cet homme a quelque chose de profondément idéaliste, de poétique. C'est un monde en soi. Il a besoin de vivre sur un mode expérimental... Voyez si vous aimez cela aussi. Et si oui, restez à ses côtés ; cela devrait durer.

Ensemble tous les jours

L'homme Verseau est généralement très conscient que les feux de l'amour durent de trois à cinq ans et il ne se bat pas contre cela ; il l'admet et il agit en conséquence. Vous emménagez avec lui et vous aimeriez vivre une union stable ? C'est possible, mais c'est rare. Si votre homme a des caractéristiques autres que celles de son signe, vous vous en tirerez ; autrement, vous vous rendrez compte qu'il n'est pas souvent un homme de couple. Mettez du piquant dans sa vie, mais surtout, laissez-le libre d'agir à sa guise, d'aller et venir. Ne le questionnez pas sur ses activités. S'il vous en parle, tant mieux. Ce sera la preuve que votre union se fonde aussi sur une amitié profonde, ce qui est un excellent signe avec un homme Verseau. Intéressez-vous à ses projets, soutenez-le, encouragez-le ; vous verrez qu'il vous en sera éternellement reconnaissant. Voilà un homme qui aime pourvu qu'il se sente parfaitement libre.

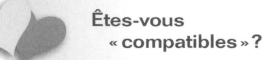

Êtes-vous « compatibles » ?

Lui et vous, femme Bélier

Une bonne façon de vivre longtemps aux côtés d'un natif du Verseau consiste à adopter un comportement peu individualiste et peu revendicateur, et à bien comprendre que vous faites équipe ensemble, pour le meilleur, évidemment! Naturellement, vous vous entendrez bien, car vous êtes tous deux assez indépendants, sans toutefois ignorer la valeur de l'amour. Vous êtes aussi tous deux à la fois idéalistes et réalistes, et vous ne pouvez donc pas vous ennuyer ensemble. Ne faites pas passer vos besoins devant les siens, du moins pas systématiquement, et vous formerez un beau couple. Encouragez-le aussi à réaliser ses rêves, car de ce côté-là il n'est pas toujours sûr de lui.

Lui et vous, femme Taureau

Si vous êtes possessive, comme le sont en général les natives du Taureau, un Verseau typique vous donnera du fil à retordre. Oubliez tout de suite toute propension à demander des explications et à exiger de savoir tout ce que votre homme fait durant la journée. Il ne cache rien, mais il ne sentira pas le besoin de dire tout ce qu'il fait et pense. Il doit conserver de grands espaces de liberté pour respirer à l'aise. Vous pouvez lui apporter une stabilité émotive qui lui manque parfois et aussi l'aider à se trouver une stabilité sur le plan économique. Tous deux, vous pouvez être complémentaires. Mais ne forcez rien.

Lui et vous, femme Gémeaux

Vous serez très heureux de vous être rencontrés. Vous avez certainement beaucoup de points en commun. Vous avez certainement les mêmes valeurs et vous attachez généralement assez peu d'importance à ce qui est matériel et quotidien. Ensemble, vous regarderez dans la même direction, comme dit l'adage. Il adore votre esprit novateur et se pâmera facilement sur vos innombrables idées. La seule chose qu'il faudrait éviter, c'est d'être malhonnête avec lui. Il n'est pas soupçonneux, il ne se méfie pas, il ne surveille pas... mais être trompé (de quelque manière que ce soit) le déçoit profondément et pour longtemps. Si vous l'aimez, soyez vigilante à cet égard.

Lui et vous, femme Cancer

Votre côté protecteur le rassurera, mais pourra lui peser à l'occasion. Laissez-lui de l'espace tout en l'aimant, il vous en sera reconnaissant. Il se trouvera bien en votre compagnie et appréciera vos qualités d'hôtesse. Vous qui savez recevoir et organiser tous les types de rencontres, allez-y, c'est le moment de faire plaisir à quelqu'un qui adore voir des gens mais ne sait pas toujours comment planifier les fêtes et les rencontres. Si vous formez un couple, vous aurez beaucoup d'amis et souvent du monde à la maison.

Lui et vous, femme Lion

Si vous êtes capable de ne pas chercher à le dominer, vous pourrez peut-être vous entendre. Il y a pas bien des chances qu'il soit en admiration devant vous, ce qui est déjà bien, mais cela ne suffit pas toujours pour bâtir une relation à long terme. Votre mandat : ne pas descendre de votre piédestal ; ou alors, faites-le avec tant d'élégance qu'il trouvera ça sensationnel. Il aimera de vous tout ce que vous dégagez et sera très fier d'être à vos côtés. Et vous, le serez-vous vraiment? Si oui, allez-y.

Lui et vous, femme Vierge

Vous pourriez former un couple assez exceptionnel au sens où vous vous compléterez bien. Vous êtes organisée, méthodique, lucide et critique. Il est original, un brin fantasque, un peu dans la lune et très imaginatif. Il voit grand et loin. Vous saisissez les détails de tout ce qui vous entoure. Autrement dit, vous pourrez accomplir beaucoup ensemble à condition, bien sûr, que ses défauts ne vous fatiguent pas, et réciproquement.

Lui et vous, femme Balance

Vous le trouvez extra, vous l'aimez déjà, mais vous vous demandez ce qu'il ressent pour vous? Dans ce cas, il se peut que vous n'en soyez jamais tout à fait sûre. Le Verseau porte en lui une sorte d'absence qu'il ne sert à rien de combattre: il est là, il n'est pas là, il part, il rentre... et c'est tout. Ne vous questionnez pas sur ses sentiments; s'il revient périodiquement ou tous les soirs, c'est qu'il vous aime. Cela dit, diversifiez vos activités de votre côté, car il ne sert à rien d'être très dépendante de cet homme. Il adore votre sociabilité, il trouve que vous avez du goût, et c'est déjà beaucoup.

Lui et vous, femme Scorpion

Si vous êtes amoureuse d'un natif du Verseau, oubliez tout de suite la jalousie, les excès, la tentation de le soupçonner de quoi que ce soit. Bien sûr, c'est un rôle qu'on vous prête facilement, car vous êtes intense, mais vous n'êtes pas infernale ni toujours jalouse. Cela dit, avec un homme comme lui, on fait équipe ou on s'en va. Que vous l'ayez aimé au premier coup d'œil ou que l'amour soit apparu peu à peu, vous savez qu'on peut se fier à lui. Au quotidien, il aimera toujours mieux se faire servir que servir, mais, pour la grande vie et pour le long terme, il est super. Si vous savez marcher main dans la main avec quelqu'un sans le contraindre, vous serez heureux ensemble.

Lui et vous, femme Sagittaire

Le Verseau et vous avez beaucoup en commun: le goût des voyages, l'amour de ce qui est étranger, de la curiosité à revendre, un esprit peu conformiste et des valeurs qui s'accordent souvent bien. Vous n'aimez pas qu'on vous contrôle et ça tombe bien: lui non plus. Ensemble, vous réaliserez tous les projets qui vous tentent. Votre enthousiasme lui plaira vraiment, tout comme votre goût d'explorer, de voir plus loin. Mais gardez un certain mystère: il aime ça!

Lui et vous, femme Capricorne

Si vous donnez un ordre à un natif du Verseau, vous le découragerez, vous le révolterez, vous le perdrez. Si vous êtes amoureuse d'un tel homme, c'est probablement qu'au fond vous êtes un peu Verseau vous-même ou qu'il est un peu Capricorne lui-même. Vous n'avez pas les mêmes vues sur le monde, mais vous aurez peut-être les mêmes objectifs. Habituez-vous tout de suite à respecter – et même à encourager – son besoin d'espace. Il lui est vital!

Lui et vous, femme Verseau

Vous connaissez vos besoins réciproques et vous ne pourrez pas dire: «Je ne savais pas qu'il était comme ça», puisque vous voici avec votre semblable! Pour le meilleur et pour le pire... Le pire: vos silences, votre indépendance, votre goût du mystère. Le meilleur: vos silences, votre indépendance, votre goût du mystère. Vous vous comprendrez à demi-mot.

Lui et vous, femme Poissons

Il trouve que vous avez bon cœur, il s'attache à vous, il voit votre sensibilité, il s'étonne et s'émerveille. Si vous évitez de lui faire des scènes, il sera vraiment bien. Car il est très mal à l'aise dans la tourmente. Quand quelque chose ne va pas, dites-le-lui simplement, rapidement, discrètement... et il comprendra. Il n'est pas du genre à se poser des questions durant des heures et encore moins à répondre à des questions durant des heures. Repas copieux, longues soirées, amis nombreux: ce sera peut-être une belle entente à deux.

Êtes-vous faits l'un pour l'autre?

Non, si:

- vous avez besoin d'un environnement rassurant, stable, voire routinier.

- vous avez besoin d'une présence continuelle à vos côtés.

- vous devez savoir l'emploi du temps exact de votre partenaire.

- vous êtes émotive, sensible ou assez souvent déprimée.
- vous avez un grand cœur et vous êtes très serviable (dans ce cas, vous seriez littéralement à son service!).
- vous n'aimez pas l'imprévu ni le mystère.
- vous ne supportez pas la sensation d'être avec quelqu'un qui peut être là sans être là.

Oui, si :

- vous aimez l'écouter.
- vous savez être à la fois affectueuse et mystérieuse.
- vous n'éprouvez pas le besoin d'être souvent rassurée.
- vous êtes souple et curieuse de tout.
- vous êtes sociable de nature et aimez la compagnie de ses copains.
- vous aimez vous amuser.
- vous n'avez pas une nature austère et vous n'êtes ni autoritaire, ni jalouse, ni portée à faire des drames.

L'homme Poissons

Né entre le 21 février et le 20 mars

Un être complexe, doux et intuitif

L'homme né sous le signe des Poissons est avant tout un être sensoriel et sentimental. Il est très sensible aux ambiances et à tout ce qui touche les gens qui l'entourent. Il ressent fortement les choses. Il est insaisissable, tout comme les poissons. On ne le prend pas, on l'apprivoise lentement. Il est difficile à comprendre et à décrire. Parfois, vous le pensez ici mais il est déjà ailleurs. On pourrait croire qu'il a une personnalité faible puisque cette extrême sensibilité le pousse parfois à fuir les gens. Il trouve difficilement sa voie en raison de cette sensibilité. Avec le temps, il affirmera sa personnalité. Pour cette raison, il sera plus heureux avec une compagne qui sait ce qu'elle veut sans être autoritaire. Autrement, il l'écoutera dans les premiers temps, mais le couple ne sera pas équilibré. En fait, il a besoin de douceur. Il perçoit les deux côtés de toute situation, ce qui est à la fois sa force et sa faiblesse. Pour cette raison, il est souvent un excellent médiateur. En couple, il ne se fâche pas facilement à moins de vivre de grandes frustrations dans sa carrière. Il essaie de comprendre les motivations de la femme qu'il aime. Il peut tout de même se laisser envahir par le milieu ambiant: quand ça va mal autour de lui, il en souffre vraiment. Si un conflit émerge, il est submergé. Il peut sembler irrationnel, car il est sensible aux ambiances et aux gens, et il change souvent d'opinion. Après un moment, on se demande où il se situe. Il n'a pas un tempérament très pragmatique et il rêve beaucoup. Bien sûr, il sera très romantique dans une union amoureuse, mais ce romantisme n'étant pas toujours suivi d'actions, les déceptions ne sont pas rares dans son couple. Il sera mieux compris par une femme qui lui ressemble un peu, mais il faudra tout de même que tous deux aient un sens pratique dans certains secteurs d'activités. Il n'est pas du tout individualiste et, lorsqu'il est en couple, on peut compter sur lui; il est très présent. Étant très réceptif, il comprend toujours bien sa compagne.

Il ressent si fortement l'amour qu'il peut s'y perdre, s'oublier et ne penser qu'à sa bien-aimée. Il peut être tenté de s'éloigner de l'amour pour cette raison. Il peut s'attacher à des femmes très différentes les unes des autres, il n'a pas de modèle type. Il est souvent très dévoué.

Il est gouverné par Neptune et Jupiter

Neptune représente l'inconscient par excellence, et c'est la planète qui guide l'homme Poissons. Un fort Neptune chez une femme le stimulera donc fortement. Ce Neptune fait en sorte que notre homme n'est pas à l'aise dans un monde rationnel, raisonnable, cartésien. Il doit absolument évoluer dans un monde qui respecte sa nature, qu'on pourrait qualifier de poétique. Il vaut mieux aussi que sa femme ne soit pas trop rationnelle et que la raison ne soit pas pour elle plus importante que le cœur. Autrement, ils souffriront. Il est très doué pour aider les gens à créer des liens entre eux. J'ai dit plus haut qu'il pouvait être médiateur; il peut être aussi négociateur, entremetteur, «marieur». Si vous êtes amoureuse d'un homme Poissons, vous savez qu'il est important de le protéger contre les grandes désillusions dont il peut être la proie. Il fantasme beaucoup et il est parfois bon de le ramener doucement à la réalité. Sa nature particulière n'en fait pas l'homme le plus fidèle de tous les signes et il peut facilement être attiré par plus d'une femme. Il est capable d'une grande créativité mais peut aussi perdre sa vie à la rêver.

Sur le plan physique, l'homme des Poissons est de nature douce et affable. Il n'y a pas de brusquerie chez lui.

Ses idées, ses valeurs

L'homme Poissons est de type spirituel. Il accorde peu d'importance à tout ce qui est matériel et a besoin de se situer dans le monde d'un point de vue large. Sans nécessairement pratiquer une religion (il peut même assez facilement être sceptique à ce sujet), il est conscient qu'on ne voit pas tout dans ce monde et qu'il y a bien des choses dans l'Univers qu'on a du mal à expliquer ou dont on est peu conscient.

Étant généreux et peu matérialiste, il évolue bien dans un groupe. Ce n'est pas un individualiste et il est prêt à tout pour s'entendre avec tous. Ses idées sont claires: chacun devrait voir ses besoins comblés et personne ne devrait souffrir. Il n'est jamais en compétition avec les autres, sauf dans le cadre du sport.

Quelques types

Premier décan

Né entre le 21 et le 1er mars, il est très difficile à saisir, à comprendre, et entretient le mystère avec beaucoup de plaisir. Il peut être un grand voyageur, car il est très curieux; il aime apprendre et explorer. Pour être heureuse avec cet homme, il est vraiment nécessaire que vous n'ayez pas besoin d'être sans cesse avec lui. Vous l'aiderez à réaliser ses rêves, et lui vous fera voir le monde dans toute sa poésie.

Deuxième décan

Né entre le 2 et le 10 mars, ce natif est typique de son signe. Il peut sembler (et être) indécis, il souffre si on ne le comprend pas, il aime avec grandeur et n'a aucun égoïsme. S'il suit ses intuitions, il ira loin. Il doit faire ce qu'il aime dans la vie (et vous aurez le rôle de le guider) et ne doit pas rester dans un environnement dur ou qui ne lui convient pas. Vous ne saurez pas toujours si vous pouvez vous fier à lui; pourtant oui, vous le pouvez.

Troisième décan

Né entre le 11 et le 20 mars, cet homme est, malgré les apparences, décidé et fougueux. Il vit de grandes passions et s'excite pour un rien, il tombe souvent amoureux et il peut vivre des désillusions corsées. Cela dit, il a tant d'énergie qu'il se relève et continue d'être guidé par un certain optimisme et de grands rêves. S'il rencontre une compagne ou des amis qui savent à l'occasion le ramener à la réalité tout en lui conseillant de poursuivre ses objectifs, il se réalisera. Sa femme doit être souple et décidée.

Et les autres

Il y a chez les natifs du Poissons quelques cas rares, que vous aurez avantage à reconnaître. Il y a d'abord le grand généreux, celui qui donne tout pour les autres. Seulement pour les femmes au très grand cœur, qui sauront les protéger contre eux-mêmes. Ils formeront une union solide. On trouve aussi le profiteur, celui qui en fait le moins possible pour tirer le maximum d'avantages. Il ment, il triche, il est indigne de votre confiance. Si vous le rencontrez, passez vite votre chemin, car il s'accroche et a du charme.

On a les qualités de ses défauts!

Il est romantique, rêveur, tendre, bon. Il est sensible à la moindre de vos émotions. Il est dévoué. Il est insaisissable (ce qui est charmant). Il est imaginatif et intuitif. C'est souvent un artiste. Il peut être un homme de grandes réalisations, mais seulement s'il suit ses intuitions (Albert Einstein). Il n'entretient pas de préjugés. Il ne juge pas les gens, il est peu critique. Il accepte les autres comme ils sont. On peut lui faire pleinement confiance. Il est curieux mais sait garder un secret. Il s'occupe de ses affaires et ne se mêle pas de celles des autres. Il a une nature très réceptive. Il n'exige pas trop de ceux qui l'entourent et il n'est pas autoritaire. Il est clairvoyant. Il est de tempérament grégaire. Il n'est pas surpris par des choses qui pourraient en choquer d'autres. Il apporte son soutien aux autres.

Il peut être tout ce que vous voulez ou ne voulez pas ! Il est insaisissable (ce qui peut être agaçant). Il est parfois faible ou, en tout cas, peut l'être. Il n'a pas une intelligence pratique et il est parfois trop rêveur. Il vit difficilement en famille, avec les enfants et tout et tout. Il ne sait pas toujours ce qu'il veut.

Premier regard, premières rencontres

Si vous lui plaisez, le natif du Poissons vous fera une démonstration éloquente de mille et une manières. Dans un premier temps, il vous lancera une invitation légère, du genre : « Et si on allait au cinéma ensemble ? » Si vous ne mordez pas à l'hameçon tout de suite, il reviendra à la charge inlassablement. Il vous plaît aussi ? Votre premier rendez-vous sera idéalement fixé sur-le-champ. Vous n'aurez rien prévu ni l'un ni l'autre, et la soirée vous mènera dans toutes sortes de lieux souvent inconnus.

Le natif des Poissons est un grand romantique. Il est souvent rêveur. Il peut penser à vous longtemps avant qu'il se passe quelque chose. Informez-vous pour savoir s'il est aussi célibataire qu'il le dit. Et si oui, votre Neptunien saura vous faire découvrir bien des joies que vous ne connaissiez pas.

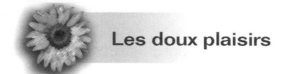

Les doux plaisirs

La sensualité et la sexualité de l'homme des Poissons sont grandes, immenses comme l'océan... et aussi parfois un peu complexes. Il peut aimer de manière platonique ou de manière complètement physique. En fait, cet homme a un très grand éventail de possibilités en ce qui concerne sa vie sexuelle. C'est un partenaire amoureux qui déçoit très rarement sa femme; c'est même souvent par là que le couple tiendra.

Il a besoin d'amour comme d'excitation et l'un ne va pas sans l'autre, du moins pas longtemps. Développez ensemble les aspects magiques, tendres et mystérieux de votre amour. Et ayez toujours une chambre et un lit très confortables.

Et l'engagement?

Plus vous êtes indépendante avec un natif du Poissons, plus il aura envie de rester à vos côtés. S'il sent trop votre amour, cela lui pèsera. C'est bête, mais il faut presque le faire souffrir un peu. Il aime être transi d'amour mais se sent vite détaché... s'il sent trop l'attachement de quelqu'un. Avec lui, une seule manière de raisonner est valable : celle de l'intuition. Il est sensible, artiste, pourrait-on dire; il sent les choses et les explique ensuite. Il n'intellectualise pas. S'il ne vous sent pas, il n'ira pas plus loin. S'il vous sent bien vivante, autonome, indépendante de lui, il sera admiratif. Il aime bien les grandes actions passionnées. Il résistera difficilement, par exemple, à une scène de votre part ; ça ne lui fera pas peur, cela le stimulera.

Surtout, ne l'invitez pas à partager votre vie en raison d'arguments logiques ou pratiques ; il n'a rien d'un calculateur et aime l'Amour avec un grand A.

Ensemble tous les jours

La vie avec un homme Poissons est forcément compliquée. Il n'y a pas de routine possible même s'il faut bien qu'il y ait une certaine sécurité. Vous devrez être « madame organisation », « madame charme », « madame on-ne-s'ennuie-jamais-avec-moi », « madame je-te-supporte-contre-vents-et-marées » tout en gardant le sourire ! Plus vous êtes un signe d'eau, plus vous aurez de la facilité (ou moins de difficulté), au sens où, au moins, vous comprendrez ce qui l'allume et ce qui l'éteint. Si vous êtes une femme énergique, stimulante, organisée, allez-y. Ne croyez pas que ce sera facile et ne soyez pas peinée par ce que vous ne pouvez changer. Soutenez-le dans ses projets tout en persévérant dans les vôtres. Laissez-vous entraîner par son romantisme fou de temps en temps ; écoutez-le vous parler de ses rêves et aidez-le à les réaliser.

Êtes-vous « compatibles » ?

Lui et vous, femme Bélier

Attention, homme tendre ! Il sera peut-être subjugué par votre nature fougueuse et décidée, mais, surtout, ne soyez pas brusque avec lui car cela le peinerait. Mesurez vos paroles. Il est assez franc mais assez louvoyant aussi et plutôt complexe, au fond. Or, vous êtes directe, claire... Que se passera-t-il ? Vous vous habituerez peut-être à comprendre sa manière. Vous saurez percevoir ses qualités, ses talents, ses forces... De cela, il sera très content.

Lui et vous, femme Taureau

Votre sens pratique pourrait l'effaroucher. Il aime bien aller dans la vie comme un bateau à voile sur une eau plaisante. La discipline, c'est moyen, le plaisir, c'est pas mal. Il aimera avec vous le partage de la vie quotidienne, car il est probable que vous ayez les mêmes goûts alimentaires, vestimentaires, pour les fêtes, etc. Autrement dit, vous êtes tous deux de bons vivants. Si vous organisez tout, le danger est qu'il vous prenne pour sa mère, sa sœur... Si vous voulez qu'il soit votre homme, lâchez prise et résistez à la tentation, souvent présente chez vous, de tout organiser et de tout mener.

Lui et vous, femme Gémeaux

Que font deux êtres complexes ensemble ? Ils s'adonnent à un de leurs passe-temps préférés, celui de compliquer les choses. Pas d'ennui dans votre couple, mais on ne verra pas toujours clair. Du moins, pas ceux qui vous entourent. On vous percevra comme un couple original, peu commun, à part. Le Poissons aime parler mais il n'a pas besoin que ses paroles soient retenues le lendemain. Laissez-lui et laissez-vous le droit de vous amuser sans prendre la vie au sérieux.

Lui et vous, femme Cancer

Ensemble, vous vous comprendrez parfaitement. Vous formerez un couple très imaginatif, où il n'y aura pas de place pour l'ennui ni pour les conflits inextricables. Il adorera votre manière d'agir très maternelle. Vous aurez de bonnes chances de vivre longtemps ensemble.

Lui et vous, femme Lion

Si vous n'êtes pas du type femme Lion tendre comme du bon pain, si vous êtes plutôt de celles qui aiment flamboyer et bien paraître, le danger est que vous jouiez la femme supérieure. C'est que vous possédez un charisme et une aisance naturelle, alors que les natifs des Poissons sont pour la plupart des gens qui n'ont pas une immense confiance en eux. Mettez-vous au diapason de ses humeurs changeantes et tenez compte que chacun de nous a ses forces et ses faiblesses, des points forts et des points sensibles. Vous êtes organisée de nature, il l'est moins, et votre rôle en est un de soutien, surtout sur le plan de sa carrière. Si vous êtes consciente de cela, vous aurez tout pour former un couple stable.

Lui et vous, femme Vierge

Vous serez une perle pour le natif du Poissons de type rêveur. Vous lui ferez voir les choses telles qu'elles sont, vous l'aiderez à voir la réalité comme elle est, sans faux-semblants. Faites cela avec subtilité et, surtout, ne le critiquez pas. Votre esprit est vif et fin, le sien aussi, mais vous ne vous exprimez pas de la même façon. Tandis qu'il sent les choses, vous les analysez. Prenez simplement conscience de cette différence de langage et vous aurez déjà fait un pas dans la direction d'une union qui pourrait se former à long terme.

Lui et vous, femme Balance

Il aura peut-être l'impression que vous êtes trop légère, peu profonde, que vous vous amusez sans aller voir au fond des choses. Si vous vous aimez, il y a de fortes chances pour que votre amour commun de l'art et des belles choses vous unisse. Vous aimerez les mêmes activités et vous aurez souvent les mêmes goûts. Il sera aussi impressionné par votre sensibilité à votre prochain; tout comme lui, vous n'aimez pas que l'on profite des gens ou des situations pour s'en tirer à bon compte. Voyez si vous regardez dans la même direction et vous saurez si vous êtes faits pour vous entendre.

Lui et vous, femme Scorpion

Vous êtes du même élément: l'eau. Cela vous rassemble, vous rapproche, vous unit. Veillez à ne pas profiter du fait que vous êtes très charismatique. Il pourrait se mettre à votre service, vous écouter… et finir par se dire que cette union ne vaut pas le coup si vous n'êtes pas vraiment ensemble. Il vous aimera pour votre profondeur. A priori, vous pourriez très bien vous entendre et même vous aimer très fort.

Lui et vous, femme Sagittaire

Il aimera de vous votre capacité d'analyse, votre goût pour la philosophie et votre profondeur d'esprit. Il sera à l'aise aussi avec votre sens de la justice, car tout comme vous il est facilement heurté par les injustices. Vous partagerez ensemble le plaisir des joies quotidiennes. Il aime le mystère, et vous être franche et directe, ce qui pourrait l'effaroucher quelque peu. Prenez des gants blancs pour dire certaines choses et cultivez un certain mystère, il appréciera. Vous êtes tous deux de nature serviable et honnête, et sur ces plans vous vous entendrez à merveille.

Lui et vous, femme Capricorne

Ce n'est pas qu'il soit fragile ou trop sensible, mais il aime bien les gens qui ont une nature forte, et vous en êtes. Il sera tout à fait heureux de pouvoir compter sur vous même s'il est relativement indépendant. Il sera aussi très impressionné par votre apparence un peu froide; cela le stimulera au lieu de l'éloigner. Le seul véritable danger est que vous vous lassiez de lui, que vous ayez l'impression de pouvoir trouver mieux un peu plus loin. Pourtant, en sa compagnie, ni l'ennui ni la tristesse ne pourront s'approcher.

Lui et vous, femme Verseau

Vous êtes promis à une bonne entente. Votre union ne reposera jamais sur des raisons futiles; vous partagez la plupart du temps les mêmes valeurs et n'êtes pas tenté de vous attarder à des détails. Il aime bien votre côté mystérieux et vaguement éthéré, mais n'en rajoutez pas, tout de même, car il aime tout autant savoir qu'il est sur le plancher des vaches. C'est un réaliste idéaliste et vous êtes une idéaliste. Fiez-vous à lui pour les décisions du quotidien. Cela dit, il sera toujours prêt à vous suivre dans toutes vos aventures et tous vos rêves, et c'est une bonne base.

Lui et vous, femme Poissons

Si vous veillez à ne pas perdre le sens des réalités, vous serez heureux ensemble. Lui rêve, échafaude des plans et se questionne... Vous rêvez, imaginez des histoires et vous questionnez... Espérons, de un, que vos rêves seront les mêmes ou qu'ils se rejoindront, et de deux, que l'un de vous aura quelques qualités terre à terre. Si vous êtes capable de garder le cap sur certains objectifs qui peuvent faciliter la vie (par exemple, les réalités financières), vous pourrez faire un bout de chemin constructif ensemble. Vous avez la même sensibilité, et elle est grande ; voyez si vous êtes tous deux à l'aise avec cela.

Êtes-vous faits l'un pour l'autre ?

Non, si :

- vous êtes de nature trop rationnelle.

- vous êtes négative ou critique de nature.

- vous aimez beaucoup la solitude. Lui préfère nettement vivre à deux.

- vous aimez qu'un homme soit réaliste, prévisible, fort et très sûr de lui.

- vous êtes très sensible et avez souvent besoin que l'on vous soutienne.

Oui, si :

- vous êtes de nature souple.

- vous avez une vie active et êtes passionnée par vos activités, tout en étant capable d'en parler souvent et de partager votre plaisir.

- vous aimer vous affirmer, tout en étant incapable de la moindre méchanceté.

- vous avez une personnalité complexe et originale.

- vous savez être mystérieuse tout en respectant son besoin d'être rassuré.

- vous êtes du type femme forte.

- cela ne vous irrite pas que quelqu'un rêve tout haut.

- vous recherchez un homme dévoué.

- vous pouvez supporter quelques incartades.

Sommaire